AF731349

स्वतन्त्रता आन्दोलन का इतिहास

स्वतन्त्रता आन्दोलन का इतिहास
[1857-1947]

शशिप्रभा श्रीवास्तव

राधाकृष्ण प्रकाशन

ISBN : 978-81-8361-036-0

स्वतन्त्रता आन्दोलन का इतिहास
© शशिप्रभा श्रीवास्तव

पहला संस्करण : 2005
तीसरा संस्करण : 2026

मूल्य : ₹595

प्रकाशक
राधाकृष्ण प्रकाशन प्राइवेट लिमिटेड
जी-17, जगतपुरी, दिल्ली-110 051
शाखाएँ : अशोक राजपथ, साइंस कॉलेज के सामने, पटना-800 006
पहली मंजिल, दरबारी बिल्डिंग, महात्मा गांधी मार्ग, प्रयागराज-211 001
1, अनमोल सोराबजी सन्तुक लेन, धोबी तलाव, मरीन लाइंस, मुम्बई-400 002
वेबसाइट : www.radhakrishnaprakashan.com
ई-मेल : info@radhakrishnaprakashan.com

मुद्रक
बी.के. ऑफसेट
नवीन शाहदरा, दिल्ली-110 032

SWATANTRATA AANDOLAN KA ITIHAS (1857-1947)
by Shashiprabha Sriwastav

इस पुस्तक के सर्वाधिकार सुरक्षित हैं। प्रकाशक की लिखित अनुमति के बिना इसके किसी भी अंश को, फोटोकापी एवं रिकॉर्डिंग सहित इलेक्ट्रॉनिक अथवा मशीनी, किसी भी माध्यम से, अथवा ज्ञान के संग्रहण एवं पुन:प्रयोग की प्रणाली द्वारा, किसी भी रूप में, पुनरुत्पादित अथवा संचारित-प्रसारित नहीं किया जा सकता।

अपनी बात

स्वतन्त्रता का महापर्व पीड़ा, यातना, त्याग व बलिदान के बीहड़ मार्ग से होकर आया है। इस मार्ग पर लहूलुहान होती, मरती-खपती एक पूरी की पूरी पीढ़ी ने अपना जीवनकाल गुजारा है। न्याय व अधिकार के लिए संघर्षरत पिछली पीढ़ी के साहस, ओज, शक्ति और साथ ही उसकी पीड़ा, यातना, त्याग का ज्ञान अपनी पूरी गरिमा के साथ नई पीढ़ी को होना ही चाहिए।

राष्ट्रीय स्वतन्त्रता का संघर्ष कोई मामूली संघर्ष नहीं था। यह संघर्ष उस शक्ति से था जिसके राज्य में सूर्य कभी अस्त ही नहीं होता था। इस लड़ाई को जीत लेना किसी एक व्यक्ति, किसी एक पार्टी, किसी एक सम्प्रदाय, किसी एक विचारधारा अथवा किसी एक कार्य-पद्धति से सम्भव नहीं था। हम विजयी हुए, इसलिए कि पूरा भारत अपनी विभिन्न प्रतिरोधक शक्तियों के साथ उठ खड़ा हुआ। इसीलिए हम देखते हैं कि इस संघर्ष में चरखे की गूँज के साथ पिस्तौलों की दनदनाहट भी है। इसमें अन्न, जल त्यागकर मर जानेवाले निग्रही लोग हैं तो दुश्मन की खोपड़ी चूर कर बेधड़क फाँसी पर चढ़ जानेवाले लोग भी हैं। यह युद्ध एक साथ राजनैतिक, आर्थिक, सामाजिक और धार्मिक सभी मंचों से लड़ा गया। अंग्रेजों के साथ लड़ते हुए हमने अपनी बुराइयों तथा अपने लोगों से भी युद्ध किया। शायद ही किसी अन्य देश-जाति का स्वतन्त्रता संघर्ष इतने रंगों से सुसज्जित, इतना मुग्धकारी हो।

इस इतिहास को लिखते हुए मैंने ध्यान रखा कि स्वतन्त्रता संग्राम की मूल धारा—कांग्रेस—के साथ ही अन्य सहयोगी धाराओं को भी समुचित स्थान मिले, उनकी उपेक्षा न हो। स्कूल ही उच्चतर कक्षाओं में पढ़ाई जानेवाली इतिहास की पुस्तकों में मैंने पाया कि उनमें राष्ट्रीय आन्दोलन का वर्णन कुछ चलताऊ तथा तिथि गिनाने तक ही सीमित है। कांग्रेस और लीग के अतिरिक्त अन्य धाराओं को अछूता ही छोड़ दिया जाता है। इस पुस्तक में

आए कांग्रेस के अतिरिक्त अन्य धाराओं के प्रसंग मैंने विभिन्न माध्यमों एवं स्रोतों से एकत्र कर संग्रहित किए हैं।

इस पुस्तक के दादा जी यूँ तो काल्पनिक पात्र हैं, लेकिन यदि मैं कहूँ कि राष्ट्रीय आन्दोलन की आत्मा को मैंने उनमें केन्द्रित किया है तो झूठ न होगा। उस दौर में अनेक ऐसे लोग थे जिन्होंने आन्दोलन के पीछे रहकर काम किया। साम्राज्यवाद की मार से बिखरे, टूटे परिवार के सदस्यों को सहारा ही नहीं दिया, उन्हें माता-पिता की कमी तक खलने नहीं दी। साम्प्रदायिक दंगों तथा विभाजन के अवसर पर हारे-थके बेसहारा लोगों की रक्षा की। अपने को, अपने व्यक्तिगत सुख, लाभ-हानि को भुलाकर पूरी तरह गांधीवादी विचारधारा में डूब गए। पूरी आस्था से अपने काम में लगे रहे। ऐसे लोग कम नहीं थे मगर आज वे गुमनामी की दुनिया में खो गए हैं। ऐसी सब पुण्यआत्माओं को मैंने दादा जी के रूप में याद किया है। दादा जी से सम्बन्धित अध्याय, 'अन्तिम पत्र' इतिहास के साथ जोड़ा तो नहीं जा सकता मगर उसके बिना इतिहास ज़रूर अधूरा रह जाता। दादा जी के सहारे ही मैं इस इतिहास खंड को कथात्मक रूप दे सकी हूँ। जरूरी नहीं कि नई पीढ़ियाँ तिथियों को ही जानें या रटें; जरूरत इस बात की है कि राष्ट्रीय स्वतन्त्रता-संग्राम से उनका भावनात्मक लगाव उत्पन्न हो। वे इस संघर्ष की गौरवमय कथा को जानें, स्वयं को गौरवान्वित अनुभव करें और आज़ादी के वास्तविक मूल्य को पहचानें।

इस आन्दोलन में हर वर्ग, हर प्रान्त के लोगों ने भाग लिया। यह लिखी भी गई है सभी के लिए, इसीलिए इसके अभिव्यक्ति प्रवाह में जो भी शब्द सहजता से आ गए, उनका बेझिझक प्रयोग मैंने किया है। अब वे चाहे अंग्रेजी के ही शब्द क्यों न हों।

इन्हीं उद्देश्यों को सामने रखकर मैंने यह रचना की है। कहाँ तक सफल हुई हूँ, यह तो इसे पढ़नेवाला किशोर वर्ग ही बता सकता है।

—शशिप्रभा श्रीवास्तव

अनुक्रम

अपनी बात *5*

स्वतन्त्रता दिवस 11

अट्ठारह सौ सत्तावन की ज्वाला 17

ज्वाला बुझी नहीं 26

विचारकों की बेचैनी 32

भारतीय प्रेस की पहल 36

कांग्रेस की स्थापना 38

भारत के भाल पर तिलक का तिलक :
कांग्रेस में नया रक्त 42

हमें भीख नहीं माँगनी 46

उग्रता की आँच में पिघलता भारत 50

आतंकवाद का प्रहार 56

भारत का मुस्लिम सम्प्रदाय 60
हम यहाँ से लड़ेंगे 66
पंजाब पर डायर की गोली 71
बापू आए 75
आन्दोलन में नमक का स्वाद 84
कायरता से हिंसा अच्छी 89
डॉ. अम्बेडकर का त्याग 95
भारत छोड़ो 100
आजादी के दावेदार, आजाद हिन्द फौज 104
कटी-फटी स्वतन्त्रता 109
गीतों की गूँज 118
आज़ादी का एलबम 123
अन्तिम पत्र 130
महत्त्वपूर्ण तिथियाँ 139

स्वतन्त्रता आन्दोलन का इतिहास

[1857-1947]

स्वतन्त्रता दिवस

राजू की आँख जैसे ही खुली वह पलंग से उछलकर खड़ा हो गया। नींद की खुमारी में उसे ऐसा लगा जैसे उसे वे छोड़कर भइया और दीदी जा चुके हैं। घबराहट के मारे उसे रुलाई-सी आने लगी। उसे वे लोग छोड़ ही गए। कमरे के बाहर आकर उसने किचेन में झाँका। मनपसन्द सुगन्ध से किचेन महक रहा था। चलो देर नहीं हुई है, वह जैसे ही बाथरूम की तरफ बढ़ा खुशी की बिजली उसके तन-मन में दौड़ गई। बाथरूम में दादा जी बड़े सधे गले से तुलसी का कोई पद गा रहे थे। वह दौड़कर बाथरूम तक पहुँचा, दरवाजे पर हाथ लगाया ही था कि दादा जी बाहर निकल आए। वे नहा चुके थे। उन्होंने

लाल किला

हमेशा की तरह खादी के सफेद कपड़े पहन रखे थे। उनमें कोई परिवर्तन नहीं था। हमेशा की तरह स्वस्थ थे। बस, इन दो वर्षों में उनकी सारी की सारी बरौनियाँ सफेद हो गई थीं। सफेद कपड़े, सफेद बाल, सफेद बरौनियाँ और दो गहरी चमकीली आँखें।

राजू उनसे लिपट गया– ''आप कब आए ?''

''कल रात ही आया हूँ।''

राजू ने मचलते हुए कहा, ''आपने मुझे उसी समय जगाया क्यों नहीं ?''

''रात बहुत हो चुकी थी बेटे।''

''अच्छा दादा जी मुझे तो अभी फटाफट तैयार होना है। स्कूल पहुँचना है, वहाँ से परेड ग्राउंड, फिर स्कूल लौटकर लम्बी दौड़ में भाग लेना है। मालूम है न, आज पन्द्रह अगस्त है।''

''मालूम है। मुझे भी एक मीटिंग में जाना है।'' दादा जी ने कहा।

तभी राजू की बड़ी बहन शीला और भाई प्रकाश आ पहुँचे। शीला तो अब भी जम्हाइयाँ ले रही थी।

''यह क्या ? तुम लोगों को स्कूल, कॉलेज नहीं जाना है ? आज पन्द्रह अगस्त है ना ?'' दादा जी ने पूछा।

एक अच्छी-सी अँगड़ाई लेते हुए प्रकाश ने कहा, ''ओह दादा जी आप भी... ! क्या करना है जाकर। वही झंडारोहण, वही बेसुरा जन-गण-मन और वही घिसे-पिटे भाषण। बार-बार वही सुनते-सुनते ऊब-सी हो गई है।''

''और मुझे तो सब जबानी याद हो गया है–आपके ऊपर दोहरी जिम्मेदारी है। आपको घर-बाहर दोनों सँभालना है। आप ही भावी नागरिकों की भावी माँ हैं।''

''दुत् नहीं सुननी मुझे मिस बाटलीवाला की बेतुकी बातें। मैं तो तीन बजे की शो में पिक्चर देखने जाना चाहूँगी, यदि मेरी प्यारी-प्यारी माता जी मान जाएँ तो।'' शीला ने पूरी बात विथ-फुल एक्शन पेश की।

''मगर बेटे आज स्वतन्त्रता दिवस है। यह हमारा राष्ट्रीय त्योहार है। कैसी-कैसी बातें करने लगे हो तुम लोग।'' दादा जी ने हैरान होते हुए कहा–''इसी झंडे, इसी जन-गण-मन के लिए असंख्य लोगों ने कितना दुःख उठाया है, कितनी यातनाएँ सही हैं–तुम लोगों को इतिहास–कम-से-कम आजादी की लड़ाई का इतिहास तक नहीं पढ़ाया जाता ?''

''दादा जी, मैं तो विज्ञान का विद्यार्थी हूँ। मैं ज्यादा कुछ नहीं जानता। हाँ, मुझे मेरा तिरंगा झंडा बहुत प्यारा है। उसे कहीं ऊँचाई पर लहराते देख बड़ा गर्व होता है, मुझे अच्छा लगता है। मगर सच पूछिए तो मैं उसके इतिहास के बारे में कुछ नहीं जानता।'' प्रकाश ने कहा।

''मैं जानती हूँ इसके बारे में। महात्मा गांधी ने ऐसा जादू चलाया कि अंग्रेज चारों खाने चित्त हो गए। फिर उनके सहयोगी भी तो बहुत जोरदार थे, नेहरू, पटेल और बहुत सारे लोग। मेरी टीचर इतिहास बहुत अच्छा पढ़ाती हैं।'' शीला ने कहा।

राजू की माँ ने नाश्ता लगा दिया था, मगर दादा जी का ध्यान उधर था ही नहीं। कुछ क्षणों तक तो चुपचाप खड़े रहे, फिर बोले–''तो तुम लोगों के ख्याल से यह सब बड़ी आसानी से हो गया...हमने माँगा और उन्होंने...दे दिया।''

तौलिया से मुँह पोंछते-पोंछते प्रकाश ने कहा–''मैं बहुत प्रमाणित रूप से तो नहीं कह सकता मगर मुझे भी आश्चर्य होता है कि सोने की चिड़िया भारत को अंग्रेज इतनी आसानी से क्यों छोड़ गए। देखिए न आज तो लोग एक कुर्सी तक मरते दम तक नहीं छोड़ना चाहते।''

''बात तो तुम ठीक ही कह रहे हो...तुम्हें मालूम नहीं है न, कैसे-कैसे बलिदान लोगों ने किए हैं और फिर किसी देश, वह भी भारत जैसे देश की आजादी किसी एक-दो के बलबूते की बात नहीं थी, और शीला यह कोई जादू भी नहीं था।''

राजू की माँ ने कहा–''बाबू जी, बच्चों का दोष ही क्या है ? इन्हें उस लम्बे, यातनापूर्ण और बहुआयामी संघर्ष के बारे में बताया ही नहीं गया है। खूनी संघर्ष से लेकर अहिंसात्मक शस्त्रों के प्रयोग हुए हैं। अच्छा अब नाश्ता कर लीजिए।''

''तुम ठीक कहती हो छोटी।'' दादा जी ने जल्दी से चाय गटकते हुए कहा...।

''दादा जी, आप मम्मी को छोटी मत कहा करिए। लगता है किसी छोटी-सी बच्ची को बुला रहे हैं। अच्छा नहीं लगता।''

''बेटी तेरी मम्मी आज भी मेरे लिए वही छोटी-सी बच्ची है। मैंने इसे... !'' दादा जी ने बात अधूरी छोड़ दी।

नाश्ता करते-करते प्रकाश ने कहा—"दादा जी आप तो उस दौर से गुजरे हैं...आप ही क्यों नहीं बताते हम लोगों को, हमें जानना तो चाहिए ही !!"

राजू ने चहककर कहा—"अभी नहीं दादा जी, अभी तो मैं स्कूल जा रहा हूँ, शाम को बताना, मैं भी तो सुनूँ।"

"अच्छी बात है, आज शाम हम लोग इसी विषय पर बातचीत करेंगे। चलो राजू मैं तुम्हें स्कूल छोड़कर निकल जाऊँगा, छोटी तुम मेरे खाने का इन्तजाम मत करना। आज में इधर-उधर पुराने लोगों से मिलता फिरूँगा।" दादा जी कमरे से बाहर निकलते-निकलते रुक गए—"और हाँ; मैं बच्चों पर दबाव डालना ठीक नहीं समझता, मगर मेरी सलाह है कि तुम दोनों को भी अपने स्कूल-कॉलेज जाना चाहिए। चलो राजू।" दादा जी और राजू एक-दूसरे का हाथ पकड़े कमरे से बाहर निकल गए।

आसमान पर हलके बादल छाए थे। शाम कुछ जल्दी ही झुक आई थी। अभी-अभी पानी का एक झोंका आकर गुजर चुका था। सड़क के मरकरी ट्यूबों पर बूँदों की झालरें लटक रही थीं। पीपल के घने पेड़ की पत्तियाँ झींगुर के संगीत पर तालबद्ध तालियाँ बजा रही थीं। नमी भरी ठंडी हवा कमरे में

संसद भवन

घुस ढिठाई से जम बैठी थी।

दादा जी पलंग पर आ बैठे। राजू उनसे चिपककर बैठ गया। शीला ने पलंग के पास आरामकुर्सी खींच ली। प्रकाश ने एक छोटी टेबुल अपने सामने रख ली। टेबुल पर बकायदे कागज-कलम देखकर दादा जी ने पूछा—"यह क्या ?"

प्रकाश ने हँसते हुए कहा—"आप जो कुछ बोलेंगे मैं उसे वैसा-का-वैसा ही लिख लूँगा। आप को तो मालूम ही है मैं शार्ट हैंड भी जानता हूँ। मेरा दोस्त अभय इतिहास का विद्यार्थी है। यह आइडिया उसी का है। उसका तो बड़ा लम्बा प्लान है। कह रहा था दादा जी की सहायता से राष्ट्रीय आन्दोलन पर एक पुस्तक ही लिख डाली जाए।"

"ओह... ! बड़ा अच्छा प्लान है मगर मैं कितना कुछ बता पाऊँगा प्रकाश।" दादा जी ने कहा।

"क्यों आप तो खुद आन्दोलनकारी रहे हैं। वर्धा आश्रम में रहे हैं। नमक आन्दोलन में लाठियाँ भी खाई हैं।" प्रकाश ने कहा, "आप हैरान हो रहे होंगे...है न...यह सब हमें पापा ने बताया है। आप तो यहाँ अभी हैं न। तो बताइए हम लोगों को।"

"मुझे तो एक-दो दिनों में जाना पड़ेगा।" दादा जी ने सोचते हुए कहा, "इतनी लम्बी कहानी का तो हम किनारा भी नहीं छू सकते दो दिनों में। हाँ एक जुगत हो सकती है। मैं गाँव से हर हफ्ते एक पत्र भेजा करूँगा।"

बाहर खटका हुआ, अभय आ गया था। कमरे में आकर उसने दादा जी को प्रणाम किया और एक किनारे बैठ गया।

दादा जी ने कहा—"प्रकाश, मैं सब कुछ क्रम से ही लिखाने की कोशिश करूँगा मगर मेरे मन में स्मृतियों की भीड़ लगी है और दूसरे भी कुछ काम हैं। सोचता हूँ जीवन की अन्तिम बेला में स्कूल और उससे लगी जमीन का ट्रस्ट बना दूँ...तो यदि कहीं क्रम टूटता-सा लगे तो तुम्हारा मित्र अभय ठीक कर लेगा, क्यों अभय... !"

"जी दादा जी।" अभय सादर बोला।

"एक बात मैं अपनी तरफ से कहना चाहता हूँ, दादा जी।" प्रकाश बोला, "इतिहास पढ़ना मुझे अच्छा लगता है लेकिन जब भी कोई किताब उठाता हूँ तिथियों के जंगल में खो जाता हूँ।"

"तुम ठीक कहते हो प्रकाश मैं ध्यान रखूँगा, और फिर अब मुझे तिथियाँ कहाँ याद हैं फिर भी राष्ट्रीय आन्दोलन की हर भंगिमा मेरे अन्दर समाई है...उसे मैं तुम लोगों को दे देने की कोशिश करूँगा।" दादा जी चुप हो गए। कुछ क्षण बाद बोले, "सोचता हूँ कहाँ से शुरू करूँ ?...आज नई पीढ़ी ने पुरानी पीढ़ी को एक अच्छा काम करने पर मजबूर कर दिया। मैं तुम लोगों का अहसानमन्द हूँ बच्चो।...तुमने दिल हलका कर लेने का रास्ता बता दिया।"

कमरे में स्तब्धता-सी छा गई। फिर जो दादा जी ने बोलना शुरू किया तो रात कब आधी बीत गई किसी को खबर न हुई। दादा जी की छोटी भी तो न जाने कब आ बैठी थी।

दूर जब बारह का घंटा बजा तब सभी अपने बिस्तरों में जा घुसे। दादा जी तो दूसरे ही दिन गाँव चले गए। बच्चों ने सोचा गाँव जाकर ये सारी बातें भूल जाएँगे लेकिन ठीक एक हफ्ते बाद प्रकाश के नाम एक मोटा लिफ़ाफ़ा आ पहुँचा। यह क्रम कई महीनों चलता रहा।

अट्ठारह सौ सत्तावन की ज्वाला

किसी को जबरन गुलाम बनाकर नहीं रखा जा सकता। कोई गुलाम इसलिए है कि वह गुलाम रहना चाहता है। जैसे ही गुलामी को अस्वीकार कर दिया जाता है फिर दुनिया की कोई ताकत आजादी के आड़े नहीं आ सकती। यह बात जितनी एक व्यक्ति के लिए सच है उतनी ही, या उससे भी ज्यादा एक देश, एक जाति के लिए भी सच है। जब कोई जाति जाग उठे, फिर भला उसे कौन-सी ताकत जकड़कर रख सकती है ? सदियों बाद भारत ने भी अँगड़ाई ली। नींद की खुमारी और आलस्य की धूल झाड़कर उठ खड़ा हुआ। लेकिन तुम लोग यह मत समझ बैठना कि यह जागना, गुलामी का यह अहसास अचानक ही हो गया। नहीं, ऐसा नहीं होता। अचानक फूट पड़नेवाली जातीय उत्तेजनाओं के लिए अनेक परिस्थितियाँ, विचारधाराएँ, छोटे-बड़े सफल-असफल प्रयत्न जमीन तैयार करते हैं।

भारतीय स्वतन्त्रता की लड़ाई के उद्‌गम काल को देखते हुए हमारी दृष्टि 1857 के विप्लव पर जा टिकती है। यही वह पहली लड़ाई है जिसने एक झटके में ही ब्रिटिश कम्पनी के राज्य को समाप्त कर दिया। एक अराजकता समाप्त हुई और महारानी विक्टोरिया का राज्य प्रारम्भ हो गया। अंग्रेजों ने इसे मात्र 'सिपाही विद्रोह' कहा। दुनिया को भी यही बताया कि यह कुछ बिगड़े दिमाग वाले सिपाहियों तथा असन्तुष्ट राजे-रजवाड़ों की हुक्मउदूली थी जिन्हें ठीक कर दिया गया। परन्तु यह बात सच नहीं है। कोई विद्रोह अचानक नहीं फूट पड़ता, सच तो यह है कि वर्षों से भारत का शोषण हो रहा था। यह शोषण केवल आर्थिक ही नहीं था, इसने हमारी सामाजिक व्यवस्था, न्याय पद्धति और आर्थिक जीवन को छिन्न-भिन्न कर दिया था। इन्होंने पुरानी व्यवस्था तो तोड़ी मगर उसके स्थान पर हमारी मनोवृत्ति, हमारे विश्वास और हमारी भौगोलिक क्षमताओं के अनुरूप कोई नई व्यवस्था कायम

नहीं की। करते भी क्यों ? उनका उद्देश्य तो कुछ दूसरा ही था। वह था स्वार्थ–अंग्रेजों का स्वार्थ। इसके शिकार केवल राजे-रजवाड़े और सिपाही ही नहीं, आम जनता भी हुई–किसान, मजदूर, दस्तकार, शिल्पकार, कवि, संगीतकार, पंडित, पुजारी और मौलवी सभी हुए। सभी असन्तुष्ट भी थे। हाँ, सबका असन्तोष बिखरा पड़ा था। 'वन्दे मारतरम्' गीत के रचयिता बंकिमचन्द्र के प्रसिद्ध उपन्यास 'आनन्द मठ' का नाम सुना होगा। इसकी कथा संन्यासी-विद्रोह पर आधारित है। यह कोई बनावटी कहानी नहीं है। 1762 से लेकर 1800 के बीच बंगाल में संन्यासी विद्रोह चला। ठीक इसी के आसपास देश के एक दूसरे कोने दक्षिण के त्रावनकोर राज्य के दीवान वेलुधंपी ने विद्रोह छेड़कर उसका सफल नेतृत्व किया। अंग्रेज तो इस नायक से इतने नाराज हुए कि मर जाने पर भी फाँसी पर लटकाया।

आदिवासी सामान्यतः अपने में मस्त रहनेवाले लोग होते हैं। वे किसी के आड़े नहीं आते। जंगलों पर अपनी मिल्कियत घोषित कर अंग्रेजों ने उन्हें भी उत्तेजित कर दिया। जंगलों के बिना आदिवासी का जीवन ही क्या, उन्हें लगा कि वे पानी से बाहर मछली की तरह फेंक दिए गए हैं। संथालों के नेता सिद्धू और कान्हू ने 60 हजार हथियारबन्द संथालों की फौज तैयार की। अन्ततः उन्हें हारना पड़ा, बन्दूकों के सामने उनके तीर-कमान कमजोर पड़ गए। इस विद्रोह में 15 हजार संथाल मारे गए। इस विद्रोह को दबाने के लिए फौज की दस बटालियनें बुलवानी पड़ीं। संथाल नेता का भय अंग्रेजों पर कैसा छाया था इसका अनुमान तुम इसी बात से लगा सकते हो कि उनके विद्रोही नेता को जीवित या मृत पकड़ने के लिए दस हजार रुपए का इनाम घोषित किया गया। उस जमाने का दस हजार ! आज उसका क्या मूल्य है यह अपने पापा से पूछकर देखना।

अब हम 1857 के तथाकथित सैनिक विद्रोह पर आ सकते हैं। असन्तोष की जो भाप भारतीय समाज में भर गई थी उसे कभी-न-कभी, कहीं-न-कहीं तो फूटना ही था। वह फूटा एक लाख सैंतीस हजार संख्यावाले बंगाल आर्मी में। इस बड़ी पल्टन में बंगाल, बिहार, उत्तर प्रदेश व पंजाब के हिन्दू, मुसलमान और पंजाबी थे। विद्रोह का कारण बना गाय व सूअर की चर्बी से बना कारतूस। कोई भी बुद्धिमान व्यक्ति यह समझ सकता है कि इतने बड़े विद्रोह के लिए यह कारण बहुत छोटा है। वास्तव में यह असली कारण था

भी नहीं। विद्रोह के कारण कुछ ज्यादा ही गम्भीर थे, तो आओ हम जरा यह भी तो देखें कि विद्रोह के फूटने और फैलने के पीछे आखिर कारण क्या थे। माना कि यह सिपाहियों में धार्मिक भावना के कारण फूटा मगर दूसरों ने इसे क्यों स्वीकार किया ? क्यों सहायता दी ? उन्हें क्यों दी सहानुभूति ? तो सुनो ! 1857 का विद्रोह कब, कहाँ फूटा और कितने दिनों तक चला ? कहाँ क्या-क्या हुआ ? इन्हें जानने से पहले उन कारणों पर भी दृष्टि डाल लो कि विद्रोह के वास्तविक कारण क्या थे।

पहला कारण यह था कि राज्य हड़प करने की अंग्रेजी नीति के कोरण देशी राजे-महाराजे नाराज थे। सभी सशंकित थे कि कल मेरी बारी भी आ सकती है।

दूसरा कारण था देशी पल्टनों का तोड़ दिया जाना। पल्टनों के सिपाही भगवान के बाद अपने राजा के ही सबसे अधिक भक्त थे। वे तो अपने को यतीम समझने लगे। कोई और काम-काज तो जानते नहीं थे सो गाँव लौट आए। परिवार की आर्थिक आय बन्द हो गई। भूमि तो उतनी ही थी, खानेवाले बढ़ गए। सो किसान परिवार कर्ज के चक्कर में फँस गए।

तीसरा कारण था यहाँ के औद्योगिक ढाँचे का टूट जाना। यहाँ के विदेशी व्यापार का साधन था महीन सूती कपड़ा, जिस पर योरोप की फैशनेबुल दुनिया पागल थी। सबसे पहला वार इन्हीं बुनकरों पर हुआ। देखते ही देखते ढाका, मुर्शिदाबाद, सूरत के रौनकदार शहर सूने पड़ गए। इसका असर शहर तक ही नहीं रहा; कपास उगानेवाले किसानों पर भी पड़ा। अंग्रेजों की इस व्यापारिक नीति के कारण भारत में पहली बार बड़ी संख्या में बेरोजगारी का रोग फैल गया।

चौथा कारण था भारतीय धार्मिक भावना को ठेस पहुँचना। धार्मिक संस्थाओं को राजे-महाराजों, बड़े जमींदारों ने उनके निर्वाह के लिए जमीनें दे रखी थीं। हिन्दू राजाओं ने मुस्लिम संस्थाओं को और मुस्लिम नवाबों ने हिन्दू संस्थाओं को भी ज़मीनें दी थीं। इस भूमि से प्राप्त आय से ये संस्थाएँ बहुत-से परोपकारी कार्य करती थीं। खासकर शिक्षा की जिम्मेदारी तो इन्हीं पर थी, स्कूल-मदरसे चलाना इन्हीं का काम था। अंग्रेजों ने इन संस्थाओं से उन जमीनों की मालिकियत का प्रमाण-पत्र माँगा जो उनके पास था ही नहीं, वे जमीनें अनेक पीढ़ियों से उनके पास थीं। प्रमाण-पत्र न देने पर उन पर लगान

लगा दिया गया। इन संस्थाओं में हर आम आदमी आता, तीज, त्यौहारों, समारोहों और विशेष अवसरों पर यहाँ भीड़-भाड़ होती; लोग आपस में मिलते। एक प्रकार से ये प्रचार के केन्द्र भी थे। हिन्दू और मुसलमान दोनों ही ईसाई मिशनरियों से शंकित थे। 1850 में लार्ड डलहौजी ने एक कानून बनाया कि ईसाई बन जाने के बाद भी वह व्यक्ति अपनी पैतृक सम्पत्ति का हकदार रहेगा। आम तौर पर हिन्दू या मुसलमान परिवार अपने धर्म व परिवार से नाता तोड़ ईसाई बन जानेवाले को सम्पत्ति में हिस्सा नहीं देते थे। मगर नए मालिकों का कानून इसके विरुद्ध था।

एक अन्य कारण और था, भारतीय सिपाहियों का असन्तोष। उन्हें अंग्रेज सिपाहियों से कम वेतन मिलता था और कम सुविधाएँ भी। उनकी पदोन्नति नहीं होती थी। उन्हें ज्यादा मेहनत करनी पड़ती थी और गाली भी खानी पड़ती थी। 1857 से पहले भी छोटी-मोटी सैनिक क्रान्तियाँ हो चुकी थीं। इस बात को सिपाही लोग जानते थे।

इस प्रकार 1857 के वर्ष में क्रान्ति की पूरी परिस्थितियाँ मौजूद थीं, बस एक चिंगारी की आवश्यकता थी। चर्बी की बात तो बस एक बहाना बन गई।

29 मार्च, 1857 का दिन। 34 नम्बर पैदल देशी पल्टन के सिपाही कवायद के लिए तैयार थे। 5वीं कम्पनी के 1446 नम्बर के सिपाही मंगल पांडे ने नए कारतूस को इस्तेमाल करने से इंकार कर दिया। यही नहीं, विद्रोह के ऐलान के साथ ही उसने तीन अंग्रेज अधिकारियों को गोली मार दी। जब पकड़े जाने की नौबत आई तब उसने स्वयं को भी गोली मार ली मगर मर जाने की जगह घायल होकर पकड़ लिया गया। सैनिक अदालत में मुकदमा चला और फाँसी की सजा दे दी गई। 7 अप्रैल 1857 का दिन बैरकपुर छावनी पर बड़ा भारी गुजरा। उस दिन छावनी में न तो भारतीय सिपाहियों की आँखों में नींद थी और न ही अंग्रेज सैनिक अधिकारियों की आँखों में। वह सारा दिन अंग्रेज अधिकारी एक जल्लाद की खोज में फिरते रहे ताकि मंगल पांडे को फाँसी दी जा सके मगर कोई तैयार नहीं हुआ। आखिर जबरन कहीं से एक जल्लाद पकड़कर लाया गया। फाँसी देने से पहले जल्लाद ने मंगल पांडे से अपनी मजबूरी के लिए माफी माँगी। 8 अप्रैल को बैरक के सामने मंगल पांडे को फाँसी दे दी गई। यह स्वतन्त्रता के हवन कुंड में पहली आहुति थी।

मंगल पांडे

मंगल पांडे का नाम तो तुम सभी लोग जानते होगे। मगर मंगल पांडे के साथ ही एक और व्यक्ति ने बलिदान दिया जिसका नाम प्रायः लोग नहीं जानते—जमादार ईश्वरी पांडे। ईश्वरी पांडे ने मंगल पांडे का साथ दिया था और उसे बचाने की कोशिश भी की थी। ईश्वरी पांडे को 21 अप्रैल, 1857 को फाँसी दी गई।

34 नम्बर देशी पैदल पल्टन को भंग कर दिया गया। सिपाहियों से हथियार रखवा लिए गए। उन्हें फलता घाट पर ले जाकर स्टीमर पर बैठा दिया गया। घाट पर पहुँच कर ये सिपाही दुःख, निराशा और अपमान से पागल हो उठे। अब उनके पास सिपाहीपने की केवल एक निशानी थी—फौजी टोपी—जिसका दाम उन्होंने खुद चुकाया था। स्टीमर पर बैठने से पहले, अंग्रेज सिपाहियों के सामने ही उन्होंने अपनी टोपियाँ जमीन पर पटक दीं, उन्हें पैरों से रौंदा, उन पर थूका। ये कुल 1089 सिपाही अपने-अपने घरों को चल पड़े। इनमें हिन्दू, मुसलमान, सिख सभी थे। ये एक हजार से ऊपर सिपाही उत्तरी भारत के शहर, गाँव, कस्बों में फैल गए। सभी तो मंगल पांडे नहीं बन सकते। सबमें इतनी कुव्वत नहीं होती कि संगीनों के सामने सीना तान दें या संगीन उठा लें। मगर ये सब विद्रोह के प्रत्यक्ष गवाह थे। इन्होंने अपमान सहा था और मंगल पांडे को झूलते देखा था। सो उनके दिलों में चिंगारियाँ तो थीं ही और था भविष्य का बेरोजगार जीवन।

11 मई, 1857 का दिन। दिल्ली शहर में भोर की लाली अभी फूटी भी नहीं थी। लोग नींद में पड़े सो रहे थे। इसी समय मेरठ से आए विद्रोही सिपाहियों का दस्ता शहर के चुंगी दफ्तर में आग लगा शहर की सड़कों पर आ पहुँचा। एक अनजाने अपरचित शोर से लोग चौंककर जाग उठे। सैनिक दस्ता अन्तिम बादशाह बहादुर शाह 'जफर' के पास जा पहुँचा। पीछे थी नागरिकों की अपार भीड़। सैनिकों को अपने युद्ध अभियान के लिए एक

बादशाह की जरूरत थी। एक नेता तो चाहिए ही था। बादशाह राजी हो गए। और तब कम्पनी के 2 लाख 32 हजार 244 सिपाहियों ने अपनी रेजीमेंटें छोड़ दीं और विद्रोहियों के साथ जा मिले। वर्षों से अंग्रेजों द्वारा प्राप्त सैनिक प्रशिक्षण और अनुशासन को इन सैनिकों ने क्षण भर में तोड़ दिया।

नाना साहब

1857 का युद्ध बेशक बिखरा हुआ, बेतरतीब और नेता विहीन था परन्तु इसने पूरे भारत को अपनी चपेट में ले लिया। झाँसी की रानी लक्ष्मीबाई शरीर में प्राण रहते 17 जून, 1858 तक, लड़ी। उनके साहस और कौशल का लोहा अंग्रेजों ने माना। नाना साहब भूमिगत हो गए। कहते हैं नेपाल में वे वर्षों तक जीवित रहे। बिहार के कुँवर साहब भी अंग्रेजों के हाथ नहीं लगे। वे बहुत वृद्ध थे और 1858 में अपनी मौत से मरे। तात्या टोपे 1859 तक गुरिल्ला युद्ध करते रहे। अन्त में एक दगाबाज जमींदार के कारण पकड़े गए और मौत के घाट उतार दिए गए। कवि व कोमल हृदय बादशाह के शहजादों को मारकर उनके सिर बादशाह को पेश किए गए। बहादुरशाह को देश से निकाल दिया गया। मातृभूमि से दूर कब्र के लिए दो गज़ ज़मीन को तरसते हुए हमारे अन्तिम बादशाह ने दम तोड़ दिया।

विद्रोहियों ने आधुनिक शस्त्रों से लैस अंग्रेजी पल्टन का सामना किया था। भारी कठिनाइयों के बावजूद यह लड़ाई एक साल तक बड़े आन-बान से चली। अंग्रेजी सेना को कई जगह हार माननी पड़ी। दिल्ली को कई महीनों तक क्रान्तिकारियों ने अपने अधीन रखा। यह छोटी बात नहीं थी। फिर भी हम हार गए। इस युद्ध में पूरा देश एकजुट नहीं हो सका। क्रान्ति राष्ट्रीय स्वरूप नहीं ले सकी। फिर भी जहाँ-जहाँ यह आग भड़की वहाँ-वहाँ दो बातें विशेष रूप से देखने को मिलीं। पहला—सामान्य नागरिकों की भागीदारी। अवध प्रान्त में कुल पन्द्रह हजार मारे जानेवाले लोगों में दस हजार सामान्य

नागरिक ही थे। दूसरी बात है—हिन्दू-मुसलमान एकता। रानी लक्ष्मीबाई का प्रमुख सहायक मुसलमान था—गुल मोहम्मद। रानी की अन्तिम यात्रा के समय वह उनकी चिता के पास खड़ा रहा। उसने अपनी वर्दी उतारकर चिता में डाल दी और फकीर हो गया। दिल्ली शहर में विद्रोह का नेतृत्व जनरल बख्तर खाँ ने किया। इलाहाबाद में क्रान्ति का नेतृत्व लियाकत अली ने किया जो पेशे से मौलवी थे। इनके आदेश हिन्दू-मुसलमान सभी ने माने। नाना साहब के विशेष विश्वासपात्र सहयोगी अजीमुल्लाह थे। इसमें कोई दो राय नहीं कि 1857 की क्रान्ति हिन्दू-मुस्लिम एकता और जन सहयोग पर आधारित थी।

रानी लक्ष्मीबाई

मैं यह चाहता हूँ कि तुम लोग यह सोचो, जानना चाहो, पढ़ो और खोज निकालो कि आखिर 1857 की क्रान्ति की असफलता के कारण क्या थे, क्योंकि असफलता की पहचान सफलता की पहली सीढ़ी है।

1857 की क्रान्ति को बड़ी कठोरता से दबा दिया गया। अंग्रेजों ने भूत के दर्शन कर लिए थे। अब उनका यही प्रयत्न था कि यह भूत बोतल से बाहर फिर न निकले। इस क्रान्ति के बाद भारतीय राजनीतिक व सामाजिक जीवन में तीन बड़े परिवर्तन हुए। कम्पनी का राज्य खत्म होकर रानी विक्टोरिया का राज्य कायम हो गया। दूसरे भारत में यूरोपीय सेना की संख्या में वृद्धि कर दी गई। भारतीय सेना के विद्रोह की शंका अंग्रेजों को सदा बनी रही। तीसरी जो सबसे भयंकर बात थी 'आर्म्स-ऐक्ट' का पास होना। इस कानून के तहत अब कोई भारतीय बिना सरकार की अनुमति के हथियार नहीं रख सकता था। अब हथियार रखना जुर्म था। इस कानून ने भारतीय समाज को हिलाकर रख दिया। आम-खास सभी नागरिकों को आदेश दिया गया कि वे अपने हथियार लेकर आएँ और सरकारी रजिस्टर में दर्ज कराएँ। कम-से-कम आत्मरक्षा के लिए घर-घर छोटे-बड़े हथियार थे। लोग अपने-अपने हथियार लेकर आने लगे। अंग्रेजों ने देखा कि हथियार पैनेपन, मजबूती के साथ ही बनावट, सजावट व वैभव में भी बेमिसाल थे। म्यानों पर सोने का काम था

और मूठों पर रत्न जड़े थे। दर्ज करने के बाद प्रायः औजारों को लौटाया नहीं गया; या तो जमा कर लिया गया या उन्हें उनके मालिकों के सामने ही तुड़वा दिया गया। बहुत सारे बुजुर्ग लोग तो हथियारों की यह दुर्गति देख रोने लगे। औजारों का सम्बन्ध केवल युद्धों से ही नहीं था। ये उनके शान-मान, पिछली पीढ़ियों के स्मृति चिह्न तथा धार्मिक विश्वासों के प्रतीक भी थे। लोगबाग टूटे हथियारों को लेकर घर लौटे जैसे अपने प्रियजनों के शव लेकर लौटे हों। नौजवान लोगों के मन में अंग्रेजों के प्रति घृणा के जो बीज पड़े वे ही समय पाकर अंकुरित हुए। इस कानून का लगातार विरोध होता रहा। यहाँ तक कि महात्मा गांधी ने, जिनका पूरा जीवन ही अहिंसामय था बार-बार इस कानून की आलोचना की और कहा कि यह कानून पूरी की पूरी जाति को पंगु, दुर्बल, दीन, असहाय बना देने की घृणित कार्यवाही थी। अंग्रेजों ने 'आर्म्स ऐक्ट' कभी वापस नहीं लिया।

एक और यातनापूर्ण घटना को याद कर रहा हूँ। यह कोई एक घटना नहीं थी। बल्कि यातनापूर्ण घटनाओं के सिलसिले को वर्षों-वर्षों तक चालू रखने की शुरुआत थी। अट्ठारह सौ सत्तावन के विद्रोह में ही बहुत सारे सैनिक व आम नागरिक बन्दी बना लिए गए। उन्हीं में से 600 कैदी पहली बार एक ऐसे द्वीप पर भेज दिए गए जिसे कालापानी के नाम से याद किया जाता है। उस समय तक अंडमान निकोबार का यह द्वीप निर्जन था। उन्हीं कैदियों से जंगल साफ कराकर ब्रिटिश अधिकारियों के रहने के लिए क्वार्टर्स तथा चर्च बनवाए गए। द्वीप की भयंकर स्थिति की तुम कल्पना कर सकते हो। खूंखार जीव, जहरीले जन्तु, भयंकर मच्छर, गर्मी और हाथ-पैर में बेड़ियाँ पहनकर इन कैदियों ने मरते दम तक काम किया। इन्हीं के द्वारा 1893 में सेलुलर जेल बनकर तैयार हुई। इस जेल की सजावट ही कुछ ऐसी थी कि नए कैदी को डराकर अधमरा कर देती थी। बाद में यहीं पर अनेक जाने-माने, और अनेक अनजाने लोग विद्रोह की सजा पाने के लिए यातनाएँ सहते रहे। यहाँ के कैदियों के लिए तीन सजाएँ सबसे पीड़ादायक थीं। महीनों एकान्त में रखा जाना, हफ्तों केवल खड़े रहने की सजा भुगतना और फाँसी पर चढ़ते अपने साथी को जबर्दस्ती देखना। रंगून पर विजय पाकर सबसे पहले यहाँ सुभाषचन्द्र बोस पहुँचे और जेलों के दरवाजे खोल दिए। आज यह जेल राष्ट्रीय धन और शहीदों का स्मारक है।

1857 की अपनी जानकारी मैं समाप्त करने जा ही रहा था कि मुझे कुछ याद आ गया। नाना साहब पेशवा के सेनापति अजीमुल्लाह के बारे में मैंने पहले ही लिखा है। ये केवल तलवार ही नहीं चलाते थे, ये कलम के सिपाही भी थे। उन दिनों इनके द्वारा रचित एक कविता विद्रोहियों के लिए क्रान्ति-गीत बन गई थी। पंक्तियाँ इस प्रकार हैं—

हम हैं इसके मालिक हिन्दुस्तान हमारा,
पाक वतन है कौमों का, जन्नत से भी प्यारा॥
आया फिरंगी दूर से, ऐसा मन्तर मारा,
लूटा दोनों हाथों से, न्यारा वतन हमारा॥
आज शहीदों ने तुमको अहले वतन ललकारा,
तोड़ो गुलामी की जंजीरें बरसाओ अंगारा॥
हिन्दू मुस्लिम सिख हमारा, भाई भाई प्यारा,
यह है आजादी का झंडा इसे सलाम हमारा॥

शीला से कहना इसे लयबद्ध करने की कोशिश करेगी। आऊँगा तब सुनूँगा। प्रकाश इसे और भी जानकारियों से सुसज्जित कर लेना। यहाँ पर मेरे पास साधन नहीं है।

ज्वाला बुझी नहीं

1857 का विद्रोह दबाया जा चुका था। महारानी विक्टोरिया का तथाकथित न्यायप्रिय राज्य कायम हुआ। इस अवसर पर ब्रिटिश शासन की तरफ से भारतीय जनता को अनेक लुभावने आश्वासन दिए गए। यह बात दूसरी है कि कागज के घोड़े से उतरकर उन्होंने कोई लाभकारी कार्य नहीं किया। अंग्रेज कोई साधु-सन्त नहीं थे। वे व्यापारी थे। उनका मूल उद्देश्य था किसी भी तरह यहाँ बने रहकर भारत की धन-दौलत को चूसते रहना। इसी उद्देश्य से यहाँ रेलगाड़ियों के पहिए घूमे और डाकघरों का जाल बिछा। व्यापार व राज्य चलाने के लिए, छोटे कामकाज के लिए अंग्रेजी जानकार बाबू की जरूरत थी, तो स्कूल-कॉलेज भी खोले। जो भी व्यवस्था उन्होंने की वह इस बात को ध्यान में रखकर कि उनका व्यापार अधिक व्यवस्थित ढंग से चलता रहे।

अंग्रेजों के आने से पहले भारत में बहुधन्धी अर्थव्यवस्था कायम थी। खेती-बाड़ी के साथ ही कुटीर उद्योग, ग्रामोद्योग व हस्तकला का भी यहाँ के आर्थिक जीवन में बड़ा योग था। अब तो केवल किसान बच रहे बाकी सब नष्ट हो गए, ऊपर से भू-लगान बढ़ गया। बड़ी संख्या में सैनिकों के नौकरी छूट जाने से भी भूमि पर दबाव बढ़ गया। इधर अपने देशी राजे-रजवाड़े व जमींदार यह समझ गए थे कि अपने को बनाए रखने के लिए अंग्रेजों से मित्रता रखनी पड़ेगी। किसानों का जीवन सीधे इन्हीं जमींदारों की मुट्ठी में था। किसान बेहद परेशान हो उठे। इसीलिए 1858 से लेकर 1885 के बीच विरोध का जो स्वर सुनाई पड़ता है किसान वर्ग से ही उत्पन्न हुआ। इस बीच भारतीय समाज में जो बेचैनी, जो छटपटाहट करवटें ले रही थीं उन्हें हम तीन भागों में बाँट सकते हैं—

(1) किसान आन्दोलन

(2) सुधारवादी आन्दोलन, एवं

(3) सशस्त्र क्रान्ति की धारा।

इन पच्चीस-छब्बीस वर्षों के बीच भारत में कई जगहों पर आगे-पीछे किसानों ने विद्रोह किया। उनमें से बंगाल का नील आन्दोलन (1859 से 1860), बंगाल का ही पाबना विद्रोह (1873 से 1876), मालाबार का 'मोप्पिल्ला विद्रोह' तथा महाराष्ट्र के किसानों का विद्रोह प्रमुख है। किसान सीधे-सीधे अंग्रेजी शासन से नहीं टकराए। वे अधिकतर अंग्रेजों के मित्र भारतीय भूस्वामियों से टकराए। फिर भी व्यवस्था के प्रति असन्तोष अंग्रेजों के प्रति ही असन्तोष था। 'नील आन्दोलन' सीधे अंग्रेजों के खिलाफ था। नील उत्पादन गोरे स्वामियों के हाथ में था। वे किसानों को नील की खेती करने पर मजबूर करते थे। वे प्रायः किसानों को पहले ही पैसे दे देते थे जिसे किसान कभी नहीं चुका पाते। इस तरह किसानों का शोषण होता रहा। नील की खेती के कारण भूमि ही बंजर हो जाती थी। बिचारा किसान परिवार दाने-दाने के लिए मोहताज हो जाता। तंग आकर 1859 में बंगाल के नादिया जिले के गोविन्दपुर गाँव के किसानों ने नील की खेती बन्द कर दी। गोरे स्वामियों द्वारा भेजे लठैतों को मार भगाया। यह खबर पूरे बंगाल में फैल गई। किसानों ने नील की कोठियों और पुलिस चौकियों पर हमले किए। जिन देशी जमींदारों ने निलहों का पक्ष लिया उन्हें लगान देना बन्द कर दिया। निलहों व उनके दोस्त जमींदारों के काम करनेवाले कर्मचारियों का सामाजिक बहिष्कार कर दिया। उनके घर गोबर की बदबू से भर गए और मवेशी एक-एक बूँद पानी के लिए तरस गए। यह विरोध इतना प्रबल था कि 1860 तक आते-आते बंगाल में नील की खेती बन्द हो गई। इस आन्दोलन में छोटे किसानों का साथ दिया बड़े काश्तकारों ने। उन्होंने पैसे से मदद की। यही नहीं, बंगाल के पढ़े-लिखे व साहित्यकारों ने भी साथ दिया। श्री हरीशचन्द्र मुखर्जी ने अपने समाचार पत्र 'हिन्दू-पैट्रियाट' में लेख लिखे। इसी प्रकार दीनबन्धु मित्र का नाटक 'नील-दर्पण' का भी कम योग नहीं है। नाटक पूरे बंगाल में तथा उससे बाहर भी खेला गया। अभी 1857 को बीते ज्यादा दिन नहीं हुए थे। अंग्रेज नहीं चाहते थे कि फिर वह दिन आए। अतः इस आन्दोलन में किसानों की विजय हुई।

बंगाल का पाबना-विद्रोह बड़े भूपतियों के विरोध में था तो महाराष्ट्र का किसान-विद्रोह साहूकारों के विरोध में उठा। बंगाल के छोटे किसान और

मझोले काश्तकारों ने मिलकर बड़े जमींदारों को अदालतों तक खींचा। छोटे काश्तकारों ने पैसे से मदद की। महाराष्ट्र के किसान जो कपास के अच्छे उत्पादक थे कर्ज में फँस गए। यह कर्ज चक्रवृद्धि ब्याज की दर से सुरसा की तरह मुँह फाड़कर किसानों को निगलने लगा। किसान एकजुट हो गए। उन्होंने साहूकारों के घरों पर हमला कर उनके बही-खाते जला डाले। यहाँ भी साहूकारों का सामाजिक बहिष्कार हुआ। इतना होते हुए भी किसान आन्दोलन स्थानीय रूप से ही किए गए। कोई बड़ा संगठन नहीं बन सका। सरकार ने भी अवसर देखकर कभी किसानों को रियायतें दीं, कभी दमन किया, कभी उन्हें डाँटा तो कभी बहला दिया। फिर तुम यह मत समझना कि ये आन्दोलन व्यर्थ गए। सच पूछो तो यह एक प्रयोग था। आगे चलकर यही किसान आन्दोलन महात्मा गांधी की शक्ति का मूलधन बना।

इस कालखंड को हम नवजागरण काल भी कह सकते हैं। भारतीय विचारकों के मन में यह प्रश्न उठने लगा कि आखिर हमारी यह दशा क्यों ? इस विचार मन्थन से उत्तर मिला कि हमारे राजनैतिक व आर्थिक पराभव का जिम्मेदार हमारी सामाजिक बुराइयाँ हैं। छुआ-छूत, ऊँच-नीच की भावना ने हमें खोखला कर दिया है। हम कमजोर इसलिए हैं क्योंकि हमने अपने को जन्म देनेवाली स्त्री जाति को पशुओं से भी नीचा स्थान दे रखा है। इस सच्चाई को समझ लेने के बाद कम्पनी की अच्छी-खासी नौकरी छोड़ 1828 में ही राजा राम मोहनराय समाज-सुधार के काम में लग गए थे। उन्हीं के प्रयत्न से सती-प्रथा का अन्त हुआ। भारत के माथे से इस कलंक को मिटा देने के लिए वे हमारे शत-शत प्रणामों के अधिकारी हैं। उन्होंने ब्रह्मसमाज की स्थापना की। उत्तर भारत में आर्य समाज की स्थापना हुई। इन सुधारवादी विचारधाराओं में नई कड़ी जोड़नेवाले और लोग भी हुए। सुधारवादी तथा परिवर्तनशील समाज की माँग करनेवालों में प्रायः सभी 1857 के प्रथम विद्रोह के समय ऐसी आयु सीमा में थे जब

राजा राममोहन राय

स्वामी दयानन्द सरस्वती

रामकृष्ण परमहंस

व्यक्ति के पास अनुभव की पूँजी के साथ ही सोचने-समझने और विश्लेषण करने की शक्ति भी होती है। जैसे ईश्वरचन्द्र विद्यासागर 37 वर्ष के, स्वामी दयानन्द सरस्वती 33 वर्ष के, रामकृष्ण परमहंस 23 वर्ष के तथा सर सैय्यद अहमद खाँ 40 वर्ष के थे। इन लोगों पर तथा इन जैसे अन्य अनेक लोगों पर, सत्तावन के विद्रोह, उसके दमन, तथा दमन के परिणामों का असर पड़ा ही होगा। इसमें आश्चर्य की बात नहीं है कि ये सभी एक साथ धार्मिक व सामाजिक सुधारक थे। इन सबने अपनी कमजोरियों को ही अपनी बुरी स्थिति का कारण बताया। सभी ने बेमाने कर्मकांड, छुआ-छूत, ऊँच-नीच, धार्मिक दुराग्रह तथा पर्दा प्रथा का विरोध किया। ये ही वे बातें थीं जिन्होंने हमें कमजोर बनाकर गुलामी की जंजीरों में जकड़ लिया था।

इस युग की एक अन्य धार्मिक विचारधारा ने देश के बौद्धिक लोगों को बड़ी गहराई से प्रभावित किया। वह है थियोसाफिकल सोसायटी। इस विषय में एक मजेदार बात जानना तुम्हें अच्छा लगेगा। भारत जब स्वतन्त्रता की पहली लड़ाई (1857) लड़ रहा था, यहाँ से सुदूर न्यूयार्क में एक रूसी महिला मैडम ब्लावत्सकी ने 1857 में इसकी स्थापना की। कुछ ही वर्षों बाद आयरिश महिला श्रीमती एनी बेसेंट के नेतृत्व में यह पूरे भारत में फैल गया। लोगों को एक साथ मिल बैठने की एक जगह यदि हो तो लोग विचार-विमर्श कर सकते हैं—विचार के बिना कोई कार्य सम्भव नहीं है। थियोसाफिल सोसासटी ने इन पढ़े-लिखे विचार कर सकनेवाले लोगों के लिए एक मंच तैयार कर दिया।

तुम लोग कहीं यह तो नहीं समझ बैठे हो कि सन् सत्तावन के दमन के

बाद भारतीय खून पूरी तरह ठंडा पड़ गया ? नहीं, ऐसा नहीं है। अंग्रेजों ने तो खैर यही प्रचारित किया कि अब यहाँ पूरी तरह अमन-चैन है। इस युग के विद्रोह को उन्होंने डाकू-लुटेरों की कार्यवाही का नाम दिया। मगर यह सच नहीं है। किसी भी जीवन्त समाज में विभिन्न विचारधाराएँ प्रवाहित होती रहती हैं। विशेष अवसर या परिस्थिति आ पड़ने पर कभी एक विचारधारा प्रबल हो उठती है तो कभी उससे भिन्न विचारधारा। इस सुधारवादी आन्दोलन के युग में भी सशस्त्र क्रान्तियाँ हुईं। ठीक यही बात तुम आगे स्वतन्त्रता आन्दोलन में भी देखोगे। कांग्रेस की अहिंसक लड़ाई के साथ-साथ विप्लववादी, क्रान्तिकारी तथा सशस्त्र लड़ाइयाँ 1947 तक चलती रहीं।

इस सुधारवादी युग में भी महाराष्ट्र, पंजाब और बंगाल में सशस्त्र विद्रोह हुआ। 1876-77 के बीच महाराष्ट्र में भीषण अकाल पड़ा। इस अकाल ने वासुदेव बलवन्त फड़के को इतना बेचैन किया कि इन्होंने अंग्रेजों के खजाने लूट गरीबों में बाँटना शुरू कर दिया। अपना संगठन बनाया, सतारा जिले को रौंद डाला। देखते ही देखते सात जिलों में फड़के की हुकूमत चलने लगी। शासन द्वारा यह घोषित किया गया कि फड़के को पकड़नेवाले को पाँच हजार रुपए इनाम में मिलेंगे। जवाब में फड़के ने घोषित किया—"गवर्नर रिचर्ड टैंपिल का सिर लानेवाले को दस हजार रुपए इनाम दूँगा।" बीमारी की हालत में फड़के पकड़ लिए गए। इन्होंने अदन जेल से भागने का प्रयत्न भी किया। वहीं 1883 में उनकी मृत्यु हो गई। महाराष्ट्र ने उन्हें द्वितीय शिवाजी पुकार कर सम्मानित किया।

पंजाब में सिक्खों के गुरु रामसिंह ने ब्रिटिश शासन के समानान्तर अपनी सरकार कायम कर ली जिसमें न्यायालय, विद्यालय, अस्पताल, डाकघर सभी कुछ था। इन्होंने विदेशी वस्तुओं का बहिष्कार किया। अंग्रेजी पल्टन उन पर टूट पड़ी। इन नामधारी सम्प्रदाय के सदस्यों को 'कूके' कहा जाता था। अन्त में 68 कूके पकड़ लिए गए। कुछ को फाँसी दे दी गई और शेष को तोपों के मुँह पर बाँधकर उड़ा दिया गया। अन्तिम कूका केवल तेरह वर्ष का था। क्षमा माँग लेने पर छूट सकता था मगर उसने भी तोप का मुँह ही चुना। गुरु रामसिंह रंगून जेल में 1885 में मरे।

बंगाल में वहाबी विद्रोह उभरा परन्तु शीघ्र ही निर्दयतापूर्वक दबा दिया गया।

यद्यपि अट्ठारह सौ सत्तावन के बाद सामान्य जनता से हथियार रखवा

लिए गए थे फिर भी जब सहनशीलता जवाब दे जाती लोग हथियार उठा लेते। अंग्रेजों ने उन्हें चोर, डाकू, लुटेरा कहा। यह प्रचारित किया कि इन सब का दमन कर उन्होंने भारत में न्याय का राज्य कायम किया है, अब शेर और बकरी एक घाट पर पानी पीते हैं।

इस युग में विद्रोह से अधिक विभिन्न सुधारों द्वारा ज्यादा चेतना जगी। लोगों के मन में अतीत के प्रति गर्व भी जागा और बेचैनी भी। समाज में व्याप्त यह बेचैनी अपनी अभिव्यक्ति के लिए रास्ता खोजने लगी। विशेष बात तो यह है कि हिन्दू और मुसलमान और करीब आने लगे। विद्या सागर ने मुसलमानों व हिन्दुओं में कोई फर्क नहीं माना। सर सैयद अहमद खाँ ने कहा–"खुदा यदि एक है तो सारी मानव जाति–हिन्दू, मुसलमान, पारसी, सभी मेरे भाई हैं।"

सैनिक विद्रोह के बाद यदि ब्रिटिश सरकार डरती थी तो बस हिन्दू-मुसलमान के बीच भाईचारे से। आगे चलकर तुम देख सकोगे कि किस कुशलता से इन्होंने इंच-दर-इंच दोनों कौमों को एक-दूसरे से इतना दूर फेंक दिया कि वे फिर कभी न मिल सके। यह थी दिलों की दूरी।

विचारकों की बेचैनी

1885 तक आते-आते समाज सुधारकों, धार्मिक प्रवर्तकों तथा शिक्षित लोगों के प्रयत्न से भारत में एक नई चेतना जागने लगी। इस चेतना-जागृति में कई तत्त्वों ने काम किया। अगर मैं कहूँ कि उनमें से सबसे प्रमुख भूमिका अदा की अंग्रेजों के प्रशासन तन्त्र ने—तो तुम्हें आश्चर्य नहीं करना चाहिए। उन्होंने भारत को एक सूत्र में बाँधा। आवागमन व संचार के साधनों को विकसित कर, भारत में एक कानून लागू किया। चाहे उन्होंने यह सब स्वयं की भलाई के लिए किया मगर उससे भारतीय समाज को भी लाभ हुआ। उन्होंने छापेखाने लगवाए, डाकघर खोले और रेल की पटरियाँ बिछाईं। नवीन शिक्षा पद्धति को लागू कर जिला स्तर पर शासकीय स्कूल खोले। इतने बड़े भूभाग और इतनी विशाल जनसंख्यावाले देश पर बाहर से आए मुट्ठी भर अंग्रेज शासन नहीं कर सकते थे। उन्हें चाहिए था छोटी तनख्वाहोंवाले, आज्ञाकारी अंग्रेजी भाषा के जानकार कर्मचारी। शिक्षा का माध्यम अंग्रेजी बनाकर कुछ ही वर्षों में अपने दफ्तरों के लिए कारकून (क्लर्क) हासिल कर लिया गया। लोगों पर महारानी विक्टोरिया के ऐलान का भी असर हुआ। रानी की दृष्टि में उनकी सब प्रजा बराबर है—चाहे वह सवर्ण हो या अछूत, स्त्री हो या पुरुष। भारतीयों के लिए समानता की यह बात बिलकुल नई थी। लोगों को मुग्ध कर लेने के लिए इतना ही काफी था। शीघ्र ही अंग्रेज गरीब जनता के माई-बाप बन गए।

बम्बई, कलकत्ता और मद्रास में सबसे पहले उन पढ़े-लिखे युवा वर्गों का दल तैयार हुआ जिन्हें अंग्रेजों के निकट जाने और उनकी कार्यप्रणाली को समझने का अवसर मिला। इस वर्ग को इनकी लियाकत के कारण ही अपने समाज में भी सम्मान प्राप्त हुआ। उस समय इनकी बातों को समाज में सहज मान्यता मिल जाती थी। अंग्रेजी जान लेने के बाद इस वर्ग का परिचय नई

तकनीक व विज्ञान से भी हुआ। अंग्रेजी भाषा ने योरोप की तरफ खिड़की खोल दी। लोगों ने जाना कि दर्शन, साहित्य और धर्म के अतिरिक्त भी इस दुनिया में बहुत कुछ सीखने-पढ़ने को है। उन्होंने जाना कि राजा ईश्वर का अंश नहीं है। उसे अपनी स्वेच्छाचारिता के लिए दंड मिलना चाहिए जैसा कि इंग्लैंड के राजा चार्ल्स को मिला। लोगों ने जाना कि भारत के बाहर भी एक विशाल दुनिया है, जहाँ ज्ञान है, विज्ञान है, विरोध हैं, क्रान्तियाँ हैं और है सम्मान का वह जीवन, जो हर व्यक्ति का व्यक्तिगत अधिकार है। चिन्तन-मनन का जो एक सिलसिला चला तो फिर नई पीढ़ी ने पीछे मुड़कर नहीं देखा। छापेखाने की स्थापना के साथ ही डाक-तार व रेल की व्यवस्था ने प्रान्तों की दूरी को कम कर दिया। यह कोई छोटी बात नहीं थी। अंग्रेजी भाषा की जानकारी ने प्रान्तीय भाषाओं की रुकावट को भी बहुत हद तक दूर कर दिया।

अब लोग यह अनुभव करने लगे थे कि कोई ऐसा मंच तो होना ही चाहिए जिसके द्वारा हम सामाजिक-आर्थिक-राजनैतिक विचारों को अपने भाइयों तक पहुँचा सकें। इसी समय कुछ लोगों ने सामाजिक व राजनैतिक संगठन बनाए। कांग्रेस के पूर्ववर्ती संगठनों में सबसे प्रमुख है–'इंडियन एसोसिएशन'। इसकी स्थापना उस युग के जानेमाने लेखक व वक्ता सुरेन्द्रनाथ बनर्जी ने 1876 में की। इस संगठन ने सिविल सर्विस, आर्म्स-एक्ट तथा प्रेस-स्वतन्त्रता सम्बन्धी अनेक मसलों को उठाया और अपने पक्ष में जनमत तैयार किया। इस संगठन का कार्यक्रम वही था जिसको बाद में कांग्रेस द्वारा अपनाया गया। इसी तरह, 'बंगाल ब्रिटिश-इंडियन-सोसायटी' तथा 'बम्बई-एसोसियेशन' की स्थापना भी इन्हीं दिनों हुई। 'पूना सार्वजनिक-सभा' की स्थापना रानाडे तथा 'साइंटिफिक-सोसायटी' की स्थापना सर सैयद अहमद खाँ ने की। यही नहीं, भारत से बाहर भारत के हित में सोचनेवाली एक संस्था की स्थापना 1866 में दादाभाई नौरोजी ने लन्दन में की। 'ईस्ट-इंडियन-एसोसियेशन' के द्वारा उन्होंने भारत के कई

सर सैयद अहमद खाँ

दादाभाई नौरोजी

अंग्रेज मित्र बनाए और स्वयं भी वहाँ 'ग्रेंड-ओल्ड-मैन-ऑफ-इंडिया' के नाम से मशहूर हुए। यहाँ थियोसाफिकल सोसायटी को भी नहीं भुलाया जा सकता। इस समाज ने भारत के चिन्तनशील लोगों को एक जगह इकट्ठे होने एवं कुछ अपनी कुछ दुनिया की बातें सोचने-समझने का अवसर दिया। यह संस्था न राजनैतिक थी न धार्मिक फिर भी इसने राष्ट्रीय भावनाओं को बढ़ावा दिया। श्रीमती एनी बेसेंट बीस वर्षों तक इस संस्था के माध्यम से भारत की सेवा करती रहीं और समय आने पर भारतीय राष्ट्रीय संग्राम में भी कूद पड़ीं।

1870 से 1905 के समय को हम भारत में प्रथम पत्रकारिता का युग कह सकते हैं। सबसे बड़ी बात यह हुई कि भारतीय बुद्धिजीवियों ने शासन के आर्थिक पहलू का विश्लेषण किया। इनमें से तीन के नाम प्रमुख हैं—दादा भाई नौरोजी, न्यायमूर्ति महादेव गोविन्द रानाडे तथा अवकाशप्राप्त आई.सी.एस. अधिकारी रोमेशचन्द्र दत्त। इन्होंने छानबीन करके देखा कि ब्रिटिश साम्राज्वाद का मूल स्वार्थ इसी में है कि वह भारत का आर्थिक शोषण करता रहे। वह भारत से कच्चे माल की पूर्ति भी चाहता है और अपने उत्पादनों के लिए अच्छा बाजार भी। वह यहाँ जो भी कार्य करता है उसके पीछे मूल उद्देश्य स्वार्थ ही होता है। अपने चिन्तन-मनन से जो सार उन्होंने निकाला उसका प्रचार भी किया और प्रमाणित किया। पत्रकारिता के माध्यम से उनकी ये बातें भारत की सीमा तोड़ विदेशों में भी पहुँच गईं।

अब तुम जरा ध्यान से देखो कि वे तथ्य क्या थे जिनको इन्होंने विचार-मन्थन के बाद निकाला :

(1) हमारी गरीबी ईश्वर की देन नहीं है, इसका कारण विदेशी शासन की स्वार्थपूर्ण नीति है।

(2) भारत का औद्योगिकीकरण भारत की पूँजी से ही होना चाहिए।

(3) सेना पर भारी खर्च भारत के लिए अन्याय है। यह धन हमारे

विकास के लिए खर्च होना चाहिए।

(4) भारत में राजस्व वसूली का आधा भाग सीधे ब्रिटेन को भेज दिया जाता है। इसका कुछ भी हिस्सा किसानों-मजदूरों पर क्यों खर्च नहीं होता ?

(5) अंग्रेजों ने यह प्रचारित कर रखा था कि अपनी बढ़ती जनसंख्या के कारण भारत गरीब है। इसका खंडन किया गया, उन्होंने सप्रमाण अपने तर्क रखे। कहा कि—पिछले सौ वर्षों में जहाँ भारत की जनसंख्या 18.9 प्रतिशत बढ़ी है वहीं इंग्लैंड की जनसंख्या 58 प्रतिशत बढ़ी है। रूस की 73.9 प्रतिशत बढ़ी है। फिर हम ही दारुण गरीबी और भुखमरी को क्यों झेल रहे हैं ?

सब मिलाकर इस युग के चिन्तकों ने एक चेतावनी दी, "पूँजी निकास बन्द करें"। इन बातों का शासन पर कुछ असर नहीं हुआ। उनके कानों पर जूँ तक नहीं रेंगी। शक्ति के मद में डूबे अंग्रेजों पर असर होता भी क्यों ? यह बात भी नहीं है कि पढ़-गुनकर कोई बड़ा आन्दोलन उठ खड़ा हुआ। हाँ, पढ़े-लिखे लोग बेचैनी-सी महसूस करने लगे। हमारा अपराध क्या है ? विचार कार्य के आगे-आगे चलते हैं। विचारों की इस उथल-पुथल ने केवल सोचने के लिए ही नहीं, कुछ करने को भी विवश कर दिया।

भारतीय प्रेस की पहल

राष्ट्रीय चेतना में 1870 से 1905 का समय पत्रकारों का युग कहा जा सकता है। इस युग में छोटे-बड़े पत्र-पत्रिकाओं की बाढ़-सी आ गई। उस समय भारत में कोई ऐसा जागरूक नेता नहीं था जो खुद अपना अखबार न निकालता हो। उनमें से कुछ के नाम मैं तुम्हें बताना चाहूँगा। सुब्रमण्यम अय्यर का 'द हिन्दू', बाल गंगाधर तिलक का 'केसरी' और 'मराठा', सुरेन्द्रनाथ बनर्जी का 'बंगाली', मोतीलाल घोष का 'अमृत का बाजार पत्रिका', गोखले का 'सुधारक', एन.एन. सेन का 'इंडियन मिरर', दादाभाई नौरोजी का ''हिन्दुस्तान'' आदि प्रमुख हैं। इनके अतिरिक्त अनेक दैनिक व पाक्षिक पत्रों का सम्पादन शुरू हो गया। उन दिनों अखबार निकालना कोई व्यवसाय नहीं था। लोग घाटा सहकर यहाँ तक कि अपनी जमा पूँजी लगाकर अखबार निकालते थे। भारतीय प्रेस का एक ही उद्देश्य था—सरकारी नीतियों की आलोचना करना। उनकी मक्कारी और उनकी कार्यप्रणाली की कमियों को नंगा करना। अंग्रेजों की गोरी-चिट्टी छवि पर भारतीय पत्रकारिता ने छापेखाने की कालिख पोत दी। अब वे भारत के साफ-सुथरे गौरांग माई-बाप नहीं रहे—यह गूँज विदेशों तक जा पहुँची।

अखबारों के लिए यह सारा काम बड़ा कठिन था। एक तरफ उन्हें अंग्रेज प्रभुओं के क्रोध तथा दमनचक्र से बचना होता तो दूसरी तरफ अपनी बात उन अशिक्षित-अर्द्धशिक्षित बन्धुओं तक पहुँचानी थी, जो दूर-दूर तक भारत में फैले थे। अत्यन्त जटिल विषयों के लिए ऐसी सरल भाषा का प्रयोग करना था जो अदना-से-अदना भारतवासी भी समझ ले। राष्ट्रवादी पत्रकारों ने इस दोहरी जिम्मेदारी को बखूबी निभाया। इन्हीं सजग पत्रकारों ने देश में असंख्य वाचनालयों की स्थापना की, उन वाचनालयों की तुम लोग कल्पना भी नहीं कर सकते। उनकी स्थापना कहीं किसी एक कोठरी में तो कहीं किसी बनिया

या पान की दुकान पर कर दी गई। कहीं किसी एकाकी वृद्ध के घर में तो कहीं किसी मन्दिर में वाचनालय स्थापित हो गए। कहीं कोई एक अदद कुर्सी थी तो कहीं एक चारपाई, कहीं पुआल पर चादर बिछी थी तो कहीं लोग खड़े-खड़े ही पढ़ लेते। किसी भी वाचनालय में कोई एक अखबार आया करता था। लोग अखबार का एक-एक अक्षर पढ़ जाते। जो पढ़ना नहीं जानते वे पढ़वाकर सुनते। समाचारों की कशिश लोगों को बरबस वाचनालयों तक खींच लाती। इन वाचनालयों ने, न केवल जनता को अंग्रेजों के विरोध में खड़े होने योग्य समझदारी व शक्ति दी वरन् इसने इससे भी बड़ा काम किया। वर्ग, धर्म व जाति भेद को पीछे ढकेलकर सभी को एक प्लेटफार्म पर ला खड़ा किया। यह एकता हमारी लड़ाई की मूल आवश्यकता थी। इसके बिना तो हम किसी लड़ाई, चाहे वह हिंसक हो या अहिंसक, की कल्पना तक नहीं कर सकते।

इस जागरूकता और इस एकता के भय को अंग्रेजों ने पहचाना। 1878 में, 'वर्नाकुलर प्रेस एक्ट' लागू कर दिया गया। इस कानून के तहत अखबार को जब्त किया जा सकता था, प्रेस की सम्पत्ति नीलाम की जा सकती थी और पत्रकारों पर राजद्रोह का मुकदमा चलाकर कठोर-से-कठोर दंड दिया जा सकता था। पूरे भारत में हंगामा उठ खड़ा हुआ। भारतीय प्रेस ने जमकर इसका विरोध किया। दूसरे संगठनों ने भी सहयोग दिया। किसी सार्वजनिक मुद्दे को लेकर यह पहला संगठित विरोध प्रदर्शन था। हारकर सरकार ने 1881 में इस कानून को वापस ले लिया।

उस युग की परिस्थितियों और पत्रकारों की सीमाओं को देखते हुए यह बहुत बड़ी विजय थी। प्रेस की आजादी का सवाल सीधे-सीधे देश की आजादी से जुड़ा था। आर्थिक रूप से ख़स्ताहाल यहाँ तक कि फाकाकशी के हाल से गुजरनेवाले जाने-माने पत्रकार, अनेक गुमनाम पत्रकार और गाँवों तक पहुँचनेवाले निःस्वार्थ कार्यकर्ता हमारे आदर के पात्र हैं।

कांग्रेस की स्थापना

यहाँ तक आते-आते तुम लोगों ने समझ लिया होगा कि राष्ट्रीय स्तर के संगठन के लिए भूमि तैयार हो चुकी थी। सभी राजनेता, समाज-सुधारक, उद्योगपति, पत्रकार यहाँ तक कि शासन भी एक ऐसे मंच के अभाव को अनुभव कर रहा था जहाँ भारतीय समाज के विभिन्न पक्षों से बातचीत की जा सके। हाँ, इस मुद्दे पर भारतीय विचारकों और शासन के उद्देश्य में अन्तर था, भारतीय विचारक चाहते थे कि भारतीय पक्ष लेकर शासन पर दबाव डाला जा सके एवं बिखरी हुई शक्ति को एक जगह इकट्ठा किया जा सके। इस विषय को लेकर उनमें बातचीत भी हुई परन्तु संगठन नहीं बन सका। इस समय तक भारतीय विचारकों के मन में राष्ट्रीय आन्दोलन या स्वतन्त्रता की कोई कल्पना तक न थी। मैंने पहले कहा है कि समय की धारा के साथ ही विचारों और परिवर्तन की धाराएँ भी हर समाज में प्रवाहित होती रहती हैं। विचार व परिवर्तन की ये धाराएँ प्रायः मन्द गति से बहती रहती हैं लेकिन कभी-कभी ये घहराती हुई पूरे समाज को आप्लावित करती, पुराने को तोड़ती-फोड़ती अपने साथ बहा ले जाती हैं।

इधर शासक वर्ग भी कुछ चिन्तित था। भारत भूमि पर पैर रखते ही उसे छोटे-बड़े अनेक विरोधों का सामना करना पड़ा था। प्रारम्भ में उन्होंने साम, दाम, दंड और भेद-नीति के बल पर कम्पनी का राज्य कायम किया। विद्रोहों को बड़ी सख्ती, बेरहमी और कुशलता से दबाया, परन्तु असन्तोष की भाप को तलवारों बन्दूकों से नहीं रोका जा सकता। यह असन्तोष अन्ततः 1857 में सैनिक विद्रोह 'जंगे-आजादी' के रूप में फूट पड़ा। इंग्लैंड की महारानी विक्टोरिया के राज्य के बावजूद एक के बाद एक अकाल पड़ते रहे। 1879 में वासुदेव बलवन्त फड़के (जो सेना में रसद विभाग में क्लर्क थे) ने महाराष्ट्र में हथियारबन्द विद्रोह छेड़ दिया। इस विद्रोह को अंग्रेजों ने बड़ी

आसानी से दबा दिया। फिर भी ये घटनाएँ उनके लिए अशुभ तो थीं ही।

इधर देश में समाज सुधारकों, धार्मिक नेताओं, पत्रकारों व पढ़े-लिखे शासकीय कर्मचारियों का ऐसा बौद्धिक वर्ग तैयार हो गया था जो अपनी बातों को अपने शासकों के सामने रखने में डरता नहीं था। अंग्रेज इस बौद्धिक वर्ग के असन्तोष से बहुत डरते थे। कारण यह था कि इस वर्ग के पास सोचने-समझने की बुद्धि के साथ ही संगठन बनाने की ताकत भी थी। अब तक जिस ढंग से उन्होंने विद्रोह या असन्तोष को दबाया था वह यहाँ कारगर नहीं होंगे, अंग्रेज इस सत्य को समझ गए थे। इसीलिए अंग्रेज भी एक ऐसा मंच चाहते थे जिसके द्वारा भारत के बौद्धिक लोगों की उत्तेजना एवं बेचैनी को प्रकट होने का मार्ग मिल सके। तुम लोगों ने प्रेशर कूकर देखा होगा, इसकी बनावट कुछ ऐसी है कि बन्द कूकर के अन्दर से आवश्यकता से अधिक भाप बाहर निकल जाती है। फिर कूकर के अन्दर सब कुछ ठीक ठाक हो जाता है। एक शोर जरूर होता है। मगर यह शोर भी इस बात का प्रमाण है कि कूकर के अन्दर-बाहर सभी सुरक्षित हैं। ठीक यही व्यवस्था अंग्रेज कायम करना चाहते थे। शिक्षित भारतीयों के क्रोध, असन्तोष के बाहर निकल पाने का एक शान्तिपूर्ण तरीका होना ही चाहिए।

इसी आवश्यकता को दृष्टि में रखकर सेवा से अवकाश प्राप्त ए.ओ. ह्यूम ने राष्ट्रीय कांग्रेस की स्थापना की, 28 दिसम्बर 1885 को बम्बई में इसका पहला सम्मेलन हुआ। यह पहला अवसर था जब किसी एक उद्देश्य को लेकर भिन्न-भिन्न सम्प्रदाय के लोग एक जगह इकट्ठे हुए। कुछ लोगों का कहना है कि केवल अपनी स्वार्थपूर्ति के लिए अंग्रेजों ने इसकी स्थापना करवाई। यह बात पूरी तरह सच हो या न हो, यह सच जरूर है कि अंग्रेज अपने पक्ष के लिए ज्यादा जागरूक थे। इसका प्रमाण भी है। ठीक इन्हीं दिनों कलकत्ता में 'राष्ट्रीय-कान्फ्रेंस' का अधिवेशन हो रहा था। सुरेन्द्रनाथ बनर्जी उन दिनों राष्ट्रीय स्तर के नेता थे।

ए.ओ. ह्यूम

देश हित में वे सजा काट चुके थे और भारत का काफ़ी भ्रमण भी किया था। क्या कारण था कि उन्हें राष्ट्रीय-कांग्रेस के अधिवेशन में नहीं बुलाया गया ? बात यह है कि अपने जन्मकाल में कांग्रेस अंग्रेजों की कृपा पात्र संस्था थी। ए.ओ. ह्यूम नहीं चाहते थे कि शासन का विरोध करनेवाले किसी सज़ायाफ्ता भारतीय की छाया भी इस पर पड़े। अपने व्यक्तित्व के अनुरूप ही सुरेन्द्रनाथ बनर्जी ने कलकत्ते से राष्ट्रीय कांग्रेस की सफलता की शुभकामनाएँ भेजीं। बाद में वे देश हित को ध्यान में रखकर अपने दल-बल सहित राष्ट्रीय कांग्रेस में शामिल हो गए। अपनी इस छोटी-सी कमी के बावजूद श्री ह्यूम को हमें मित्र के रूप में याद करना चाहिए। फिर भी यदि ह्यूम इसकी स्थापना नहीं करते तो भी साल-दो साल बाद कोई-न-कोई करता ही। भारत के मानसिक बहाव को भला कब तक रोका जा सकता था ! खैर कांग्रेस की स्थापना हो गई।

प्रारम्भ में कांग्रेस को यह गुमान भी नहीं था कि उसे ऐसे काँटों भरे मार्ग पर चलना है। भारतीय समाज कोई सरल सीधा समाज नहीं। इसमें भेद-भाव, ऊँच-नीच, जाति-पाँति, भाषा-धर्म की असंख्य गाँठें पड़ी हुई थीं जिन्हें खोले बिना, कम-से-कम कुछ ढीला किए बिना किसी विकास की कल्पना भी करना व्यर्थ था। हिन्दू, मुसलमान, सिक्ख और यहाँ तक कि ईसाई भी अनेक सम्प्रदाय व वर्गों में बँटे थे। किन्हीं-किन्हीं में तो गला काट विरोध था। यहाँ यह भावना इतनी प्रबल थी कि नानक, कबीर, रामदास और चैतन्य आदि के आन्दोलन जाति-भेद की चट्टान से टकराकर चूर हो गए थे। भारत में बीस के करीब तो मुख्य भाषाएँ थीं। तीज-त्यौहार, पहिरावा, खानपान और विश्वासों की विविधता का क्या कहना ! इस विविधता भरे समाज में कांग्रेस को काम करना था। तुम यह मत समझना कि अपनी स्थापना के तुरन्त बाद कांग्रेस ने किसी बड़ी राजनैतिक माँग या किसी बड़े सुधार का प्रस्ताव शासन के सामने रख दिया। सच पूछो तो प्रारम्भ में इसका राजनैतिक स्वरूप था ही नहीं। प्रारम्भ में इसका मूल उद्देश्य था सरकार पर दबाव डालकर भारतीय जनता को कुछ सुविधाएँ दिलवाना। उनकी माँगें बहुत साधारण और सरल थीं। मसलन, शिक्षा में सुधार, ऊँचे पदों पर भारतीयों की भी नियुक्ति, प्रेस की स्वतन्त्रता, टैक्सों में कमी, सेना का खर्च घटाए जाने तथा प्रशासन की जाँच के लिए कमीशन की नियुक्ति आदि से सम्बन्धित थीं।

यात्रा के अपने प्रारम्भिक दौर में पढ़े-लिखे लोग अंग्रेजों के प्रभुता-प्रभामंडल पर मुग्ध थे। वे उनके रखरखाव, उनके तौर-तरीके, उनको वेशभूषा यहाँ तक कि उनके खान-पान के प्रशंसक ही नहीं, उन्हें नए युग का देवदूत समझते थे। अपनी जायज-से-जायज माँग को भी बड़ी विनम्र भाषा में, पूरे कायदे-कानून का निर्वाह करते हुए उनके दरबार में पेश करते थे। उन्होंने प्रार्थना, प्रतिवेदन व प्रतिरोध का सहारा लिया। इसीलिए शुरू के सालों में कांग्रेस व प्रशासन में कोई टकराव नहीं हुआ। यहाँ तक कि दूसरे अधिवेशन के समय प्रतिनिधियों को लार्ड डफरिन ने भोज दिया। सरकारी कर्मचारी भी अधिवेशनों में भाग लेते थे। परन्तु जैसे ही कांग्रेस ने थोड़ा-सा कड़ा रुख अपनाया (1890), कांग्रेस के अधिवेशनों में भाग लेना शासकीय कर्मचारियों के लिए निषिद्ध कर दिया गया।

विनम्र आदान-प्रदान ज्यादा दिन तक चल नहीं सका। कागजी लिखा-पढ़ी से कुछ होनेवाला नहीं था सो नहीं हुआ। बातों से अंग्रेजों का कुछ बिगड़ता ही क्या था, सो वे कानों में तेल डाले पड़े रहे।

इस दौर के नेताओं में सुरेन्द्रनाथ बनर्जी, दादा भाई नौरोजी, बदरुद्दीन तैयब जी, सुब्रमण्यम अय्यर, महादेव गोविन्द रानाडे, गोपाल कृष्ण गोखले, फिरोजशाह मेहता तथा मदन मोहन मालवीय मुख्य थे। इनमें से अधिकांश उच्च मध्यवर्गीय परिवार से आए थे। पेशे से बैरिस्टर थे। पाश्चात्य शिक्षा व संस्कृति के प्रशंसक थे, यहाँ तक कि ब्रिटिश शासन को भारत के लिए वरदान समझते थे।

भारत के भाल पर तिलक का तिलक
कांग्रेस में नया रक्त

समय सदा एक समान नहीं होता। यही कांग्रेस के साथ भी हुआ। अपनी स्थापना से लेकर 1904 तक कांग्रेस की बागडोर अति सौम्य उदारवादी नेताओं के हाथों में रही। इन्हीं के बीच एक ऐसे गुट का उभरना शुरू हो गया था जो इनसे ज्यादा गर्म था। इस गुट की गर्मी को उदारवादी नेताओं और अंग्रेजों दोनों ने अनुभव किया। यह आभास होने लगा था कि आनेवाला समय उतना शान्तिपूर्ण नहीं होगा। कठिनाइयाँ आनेवाली हैं, अंग्रेजों के सामने भी और भारतीयों के सामने भी। फर्क इतना ही था कि कठिनाइयाँ अंग्रेजों को भारी पड़नेवाली थीं। भारतीयों के लिए इनका अर्थ ही क्या था ? जो पहले से ही कठिनाइयों के सागर में डूबे हों उनके लिए थोड़ा और इज़ाफा क्या महत्त्व रखता है ?

बाल गंगाधर तिलक

पत्रकार के रूप में राजनीतिक क्षितिज पर उभरे बाल गंगाधर तिलक। तिलक ने इस बदलाव का आभास बहुत पहले से ही देना शुरू कर दिया था। उन्होंने अपना सार्वजनिक जीवन पत्रकारिता से ही शुरू किया। उनकी पत्रकारिता का ढंग अपने पूर्ववर्ती पत्रकारों से बिलकुल भिन्न था। लपेट-लपेटकर बातें

कहने के वे आदी नहीं थे। उनकी बातें स्पष्ट होती थीं। चोट जहाँ पड़नी चाहिए वहीं पड़ती थी और वह भी बहुत तीखी। राजनैतिक चेतना को कुछ मुट्ठी भर लोगों के हाथ से निकाल सामान्य जनों में फैलाने का काम सबसे पहले तिलक ने ही किया। इस कार्य में जो शक्ति सबसे कारगर होनेवाली थी—अर्थात् युवा शक्ति, उसे उन्होंने राष्ट्रीय चिन्तन की तरफ मोड़ा। महाराष्ट्र में आपने 'गणपति महोत्सव' तथा 'शिवाजी उत्सव' का आयोजन किया। दस दिनों तक चलनेवाले इस उत्सव के पीछे पूजा-अर्चना से ज्यादा महत्त्व इस बात का था कि युवक बड़ी संख्या में मिलते। अनेक माध्यमों से वे लोग अपनी विशेष योग्यताओं का प्रदर्शन करते। युवा वर्ग को अपने बड़ों से मार्गदर्शन मिलता। बड़ी जल्दी ये महोत्सव महाराष्ट्र से बाहर निकल पूरे भारत के अनेक भागों में फैल गए। 1893 में यह महोत्सव प्रारम्भ हुआ और तीन वर्षों में ही इनकी ताकत इतनी बढ़ बई कि 1896 में इन्होंने तीन बहुत ही महत्त्वपूर्ण आन्दोलनों को प्रारम्भ कर दिया 'विदेशी वस्त्र बहिष्कार', 'कोई टैक्स नहीं' तथा 'भू-राजस्व अदायगी नहीं'; ये तीन आन्दोलन ही यदि पूरी तरह राष्ट्रीय स्तर पर सफल हो जाते तो ब्रिटिश शासन का ढाँचा चरमरा जाता।

अभी लोगों का ध्यान इन आन्दोलनों की तरफ लगा ही था कि पूना भीषण प्लेग की चपेट में आ गया। सब का ध्यान इस तरफ ही लग गया। चारों तरफ हाहाकार मच गया। पूना खाली कर देने का शासकीय ऐलान हो गया। लोग यूँ ही अपने प्रियजनों को खोकर परेशान थे, इधर प्लेग-कमिश्नर रैंड ने शासकीय कर्मचारियों को सख्ती बरतने की छूट दे दी। फिर क्या था। कर्मचारी लोगों के घरों में घुस जाते। चीज़ें तोड़-फोड़ देते। कीमती चीज़ें जब्त कर लेते। बीमार सदस्यों सहित लोगों को घर के बाहर खदेड़ देते और घरों में आग लगा देते। इस तरह पूनावासी भगवान और भगवान के बन्दों की दोतरफ़ी मार से अधमरे हो चले। अपने पत्र 'केसरी' में तिलक ने इन अत्याचारों का जमकर विरोध किया। 'सरकार का दिमाग ठिकाने पर है क्या ?', 'राज्य करने का अर्थ दमन करना नहीं है।' आदि शीर्षकों से सम्पादकीय लिखे। इन्हीं दो अग्रलेखों के कारण उन पर राजद्रोह का मुकदमा चला और उन्हें यरवदा जेल भेज दिया गया।

22 जून, 1897 का दिन था। यह महारानी विक्टोरिया का जुबली दिवस

भी था। इसी दिन मि. रैंड को पूना में किए उनके कार्यों के लिए पुरस्कृत किया जानेवाला था। ठीक इसी दिन, करीब बारह बजे रात को, कोठी के सामने ही, उसी की बग्घी में रैंड की हत्या कर दी गई। पीछे आनेवाली एक दूसरी बग्घी में एक अन्य अंग्रेज की भी हत्या कर दी गई। यह कार्य चाफेकर बन्धुओं ने अपने एक मित्र महादेव विनायक रानाडे के साथ मिलकर किया। सबसे छोटे भाई श्री वासुदेव चाफेकर ने दो देशद्रोहियों को भी गोली मार दी जिन्होंने उनके बड़े भाइयों को पकड़वाया था। दंडस्वरूप दामोदर चाफेकर, बालकृष्ण चाफेकर, वासुदेव चाफेकर तथा विनायक रानाडे को फाँसी दे दी गई।

यरवदा जेल में जहाँ तिलक पहले से ही थे बड़े भाई दामोदर चाफेकर भी पहुँच गए। दामोदर चाफेकर ने तिलक से एक अनुरोध किया, कि मरते समय उनके हाथों में गीता हो। तिलक ने उनका यह अनुरोध पूरा किया। अपनी गीता दे दी। फाँसी के बाद भी तिलक की 'गीता-रहस्य' दामोदर चाफेकर के उँगलियों में कसी रही।

इन चार युवा बन्धुओं के बलिदान ने देश में तहलका मचा दिया। इस उत्तेजना को अंग्रेज रौंद डालना चाहते थे। उन्हें बहाना मिल गया। चाफेकर के हाथों में तिलक की 'गीता-रहस्य' पाकर वे सिद्ध करने लगे कि रैंड की हत्या में तिलक का सीधा सम्बन्ध है बल्कि यह सब उन्हीं का किया कराया है। सबूत के अभाव में सरकार तिलक को फाँसी पर तो नहीं लटका सकी मगर उन्हें पुनः 18 महीने की कड़ी सज़ा का इनाम दे दिया। जुर्म था : "सरकार के प्रति नफरत फैलाना।" तिलक की सजा और चाफेकर बन्धुओं के बलिदान ने देश की राष्ट्रीय चेतना में प्राण फूँक दिए।

कांग्रेस अपने अधिवेशन पर अधिवेशन करती रही। उसका वही पुराना ढंग था। 1904 के बनारस अधिवेशन ने भारत के राजनीतिक जीवन को एक नया मोड़ दे दिया। नए जोश से भरे, नए विचारों के वाहक अब और अधिक अपमान सहने को तैयार नहीं थे। हद हो गई !! हमें अपनी ही चीज़ लुटेरों से माँगनी पड़ रही है, वह भी विनीत होकर, झुक-झुककर !! नहीं यह अब और नहीं होगा। इसका परिणाम सामने आया। इसी अधिवेशन में तिलक ने मुख्य अधिवेशन से अलग अपने सहयोगियों के साथ नए राष्ट्रीय कार्यक्रम के प्रस्ताव पारित किए। इसी अधिवेशन में तिलक ने भारत को अपना प्रसिद्ध

नारा दिया, "स्वतन्त्रता हमारा जन्म सिद्ध अधिकार है।" दोनों दलों में मेल-मिलाप कराने का प्रयत्न दादा भाई नौरोजी ने किया जरूर मगर दो-चार वर्षों के बाद ही दोनों दल एक-दूसरे से अलग हो गए। उदारवादियों को उग्रवादियों के साथ चलने में डर लगता था तो उग्रवादियों को उदारवादियों के साथ रहने में घुटन होती थी।

अब कांग्रेस में एक नया दौर शुरू होनेवाला था। उदारवादियों का प्रसंग समाप्त करते हुए मैं तुम लोगों को दूसरों को समझने की दृष्टि देना चाहता हूँ। कहीं तुम लोग उदारवादियों को महत्त्वहीन तो नहीं समझने लगे ? उन्हें अंग्रेजों का पिट्ठू तो नहीं समझने लगे ? ना ! ऐसी बात बिलकुल नहीं है। उन परिस्थितियों में जन्मे-बढ़े उदारवादी जो कुछ कर सकते थे उन्होंने किया, और सच्चे मन से बड़ी ईमानदारी से किया। शासन की बुराइयों को उजागर किया, पहली बार राष्ट्रीय स्तर पर भारत की आर्थिक स्थिति का विश्लेषण किया, किसानों के असन्तोष को सामने रखा, राष्ट्रवादियों का निर्माण किया। विधान परिषदों में पहुँच अपने तर्क व आँकड़ों से शासन की नीतियों की धज्जियाँ उड़ा दीं। उन दिनों विधान परिषद के सदस्य गोपाल कृष्ण गोखले तथा फिरोजशाह मेहता के भाषणों से अंग्रेज थर-थर काँपते थे। यह बात नहीं कि उनके सामने प्रलोभन नहीं आए ? आए ! 1892 में मि. ह्यूम तथा ब्रिटिश संसद सदस्य मि. कैन ने जी-जान से कोशिश की कि कांग्रेस का अगला अधिवेशन इंग्लैंड में हो। मगर हमारे इन नेताओं ने इसे नहीं माना और अधिवेशन नागपुर में किया। उनके सामने भी कठिनाइयाँ, भय, प्रलोभन सभी आए। तुम सबने पहले घुटनों के बल ही चलना सीखा है। मुझे खूब याद है उमगते पाँवों से तुम्हारा चलना। सीढ़ियों पर चढ़ जाने की खुशी में विजेता की तरह किलकना। आज तुम शहर के अच्छे धावक हो, अच्छे खिलाड़ी हो, तो इसका यह अर्थ तो नहीं कि घुटनों पर चलना या डगमगाते पाँवों की गति महत्त्व नहीं रखती ? उदारवादी नेताओं ने इस युग में राजनीति करना सीखा। यही क्या कम है कि उग्रवादियों को आगे बढ़ जाने के लिए विजय-मार्ग तैयार किया ? उदारवादी भी उतने ही देशभक्त थे जिसने उग्रवादी। दोनों के उद्देश्यों में कोई अन्तर नहीं था, अन्तर था उनकी कार्य शैली में।

हमें भीख नहीं माँगनी

1907 तक आते-आते भारतीय राष्ट्रीय आन्दोलन ने दो चरण पूरे कर लिये—1857 की क्रान्ति तथा उदारवादी कांग्रेसियों का संघर्ष। इन दो सीढ़ियों को पार कर ऊपर पहुँचनेवाला निश्चय ही इन दोनों से ज्यादा सशक्त, प्रबुद्ध, चैतन्य और कुशल संगठक था। इनके पास अपनी पिछली पीढ़ी के अनुभव तो थे ही, जमाने को जाँचने-परखने की ज्यादा तीखी दृष्टि भी थी। पत्रकारिता ने इनकी कलम और जिह्वा दोनों को पैना बना दिया था।

उदारवादी व उग्रवादी कांग्रेसियों में मतभेद तो कई वर्षों से चला आ रहा था। उग्रवादी भारत में पूर्ण स्वतन्त्र राष्ट्रीय सरकार की माँग करने लगे थे। वे ब्रिटेन से पूरी तरह सम्बन्ध विच्छेद कर, भारत में भारतीय संस्कृति व परम्परा के अनुसार शासन के समर्थक थे। उदारवादियों का अभी भी विश्वास था कि वे फिरंगी हुकूमत पर दबाव डालकर राजनैतिक, आर्थिक क्षेत्र में सुधार लागू करवा सकेंगे।

1907 के सूरत अधिवेशन में उग्रवादी कांग्रेस से अलग हो गए। कांग्रेस पर उदारवादियों का एकाधिकार हो गया। इस विभाजन से अंग्रेज बहुत प्रसन्न हुए। मिन्टो ने मार्ले को लिखा, "सूरत में कांग्रेस का पतन हमारी बहुत बड़ी जीत है।" तुम लोगों ने एक कहावत सुनी होगी, "लड्डुओं की लड़ाई में मोतीचूर की लूट"। इसका स्पष्ट अर्थ है, लड़नेवाले दोनों लड्डुओं का कमजोर होते जाना। इस लूट में अंग्रेज शामिल हो गए। उन्होंने उदारवादियों को अधिक-से-अधिक अपने निकट लाने का प्रयत्न किया और वे बड़ी क्रूरता से उग्रवादियों पर टूट पड़े। सच्ची और खरी बातें कहनेवाले, अपने अधिकारों की माँग करनेवाले कार्यक्रमों पर पूरी तरह बन्दिश लगाने की कोशिश की गई। फिर भी उग्रवादी आन्दोलन को दबाया नहीं जा सका। रबर की गेंद की तरह इसे जितना ही दबाया गया यह उछलकर उतने ही ऊँचे जा पहुँची।

धीरे-धीरे उग्रवादी विचारधारा पूरे भारत में फैल गई।

आगे बढ़ने से पहले उन कारणों पर दृष्टि डालना अच्छा होगा, जिनकी वजह से भारत के युवा वर्ग में इतनी उत्तेजना इतनी उग्रता भर गई थी। भारत में उग्रवाद, राष्ट्रवाद किसी एक घटना का परिणाम नहीं था। अनेकानेक परिस्थितियों ने उन्हें उग्रनीति अपनाने के लिए बाध्य किया।

युवा रक्त को अपने बुर्जुर्गों की राजनैतिक भिक्षावृत्ति बिलकुल पसन्द नहीं थी। अब उन्हें अपनी क्षमताओं—बौद्धिक, शारीरिक व आर्थिक सभी की पूरी पहचान हो चुकी थी। उन्हें योरोप में होनेवाली क्रान्तियों और उनकी सफलताओं के बारे में भी मालूम हो चुका था। उनका यह कहना कि, जो कुछ दूसरे कर सकते हैं, वह हम क्यों नहीं कर सकते, उनकी दृढ़ता प्रकट करता था। 'कराची क्रॉनिकल' नामक पत्र में सम्पादक ने बिना झिझक लिखा—"अगर जापान रूस को हरा सकता है तो भारत भी इंग्लैंड को उतनी ही आसानी से पराजित कर सकता है, आइए अंग्रेजों को उठाकर समुद्र में डाल दें।"

पिछले चार वर्षों में सरकार ने कुछ ऐसे कानून बनाए, कुछ ऐसे काम किए जिनसे उग्रवादी तो क्या उदारवादी भी निराश हुए। उनमें से 'यूनिवर्सिटी एक्ट' जो 1904 में ही लागू हो गया था, देश की नई पीढ़ी को नाराज कर देने के लिए काफी था। लार्ड कर्जन ने यह अधिनियम पेश करते हुए कहा कि वह भारत में उच्च शिक्षा का स्तर उठाना चाहता है। इस उद्देश्य की पूर्ति के लिए कुछ ठीक व्यवस्था होनी चाहिए। जो व्यवस्था उसने पेश की उसके सम्बन्ध में मोटे तौर पर तुम यह जान लो कि विश्वविद्यालय तथा उनसे सम्बद्ध शिक्षण संस्थाओं पर शासन के पूर्ण हस्तक्षेप को कानूनी जामा पहना दिया गया। कुछ ऐसी व्यवस्था हुई कि विश्वविद्यालय को चलानेवाली सिंडीकेटों में यूरोपियनों की ही बहुसंख्या हो। इस नियम के पारित हो जाने से किसी देशी विद्यालय को किसी भी विश्वविद्यालय की छाया मिलना असम्भव था। कुल मिलाकर कर्जन ने विश्वविद्यालयों को भी अपना कार्यालय बना डाला।

सही बात तो यह है कि अब तक भारत की प्रखर बुद्धि को पहचाना जा चुका था। अंग्रेज शंकित हो उठे थे, पढ़-लिखकर ये भारतीय गले में मछली के काँटे की तरह फँसकर तकलीफ़ देंगे, इसका अनुमान वे बहुत पहले ही कर चुके थे। ब्रिटिश संसदीय समिति के सामने गवाही देते हुए सर लाइनोल ने

1831 में ही कहा था "अंग्रेजी शिक्षा के फलस्वरूप भारतीयों के मन में एक दिन स्वतन्त्र होने की भावना जागेगी। उस समय हमें भारत छोड़कर जाना पड़ेगा।" उन्हें तो कम पढ़े-लिखे कारकून चाहिए थे जो उन्हें स्कूली शिक्षा द्वारा ही मिल रहे थे। इसीलिए इस कानून द्वारा उन्होंने भारतीय युवकों को उच्च शिक्षा से दूर रखना चाहा। जाहिर है युवा वर्ग नाराज होगा ही।

अपने शासन के लम्बे वर्षों के बाद भी अंग्रेजों ने भारत में कोई बड़ा परिवर्तन विशेषतः आर्थिक परिवर्तन लाने की कोशिश नहीं की। राजस्व का सौवाँ हिस्सा भी न तो उन्होंने किसानों पर खर्च किया न मजदूरों पर। यह सच्चाई अब सभी को मालूम हो चुकी थी। विज्ञान की नई रौशनी की जो झलक यहाँ लाए थे उसका उद्देश्य था—अपने छोटे-से ब्रिटेन को समृद्ध-से-समृद्धतर करते जाना। विकास के नाम पर समुद्र के किनारेवाले दो-चार शहरों का विकास किया, शेष भारत विवश देखता रहा।

1895, 1899 और फिर 1900 में बंगाल में भयंकर अकाल पड़े। उधर महाराष्ट्र भी प्लेग की बीमारी और अंग्रेजों की तंगदिली को भुगत चुका था। इस बीच असंख्य निरीह भारतीय मारे गए। भूख का कोड़ा उन्हें अनैतिकता की तरफ खदेड़ता रहा।

इसी युग में भारत ने पहली बार शिक्षित-बेरोजगारी के दर्शन किए। अंग्रेजों ने नई शिक्षा को किसी कारगर प्लान से नहीं जोड़ा। इसलिए शहरों में पढ़े-लिखे बेकार बाबू लोग घूमने लगे। नौकरी यदि मिलती भी थी तो बहुत कम वेतन और अपमान के बोनस में लपेटकर। यही वर्ग जुझारू राष्ट्रवाद का सबसे अच्छा प्रचारक बन गया। इटली, अमेरिका, जर्मनी और आयरलैंड ने स्वतन्त्रता के लिए अपना आन्दोलन क्रान्तिकारी ढंग से चलाया था—जो उनके लिए प्रेरणास्रोत बन गए।

जिस घटना ने अग्रवाद को उभारकर सामने रख दिया वह था बंगाल का विभाजन, 20 जुलाई, 1905 को लार्ड कर्जन ने बंगाल को दो भागों में बाँट देने की घोषणा कर दी। पूरे देश में इस घटना को किसी प्रान्त का बँटवारा नहीं, राष्ट्रवाद को चुनौती के रूप में ग्रहण किया गया। सभी राष्ट्रवादी, चाहे उदारवारदी हों या उग्रवादी, ने इस विभाजन का विरोध किया। बंग-भंग की चर्चा हम अगले अध्याय में अलग से करेंगे। यहाँ इतना जान लो कि यह आन्दोलन इतने जोर से चला कि शासन को अपना निर्णय वापस लेना पड़ा।

बाल, लाल और पाल

सौभाग्य से क्रोध, घृणा और राष्ट्रप्रेम की इस धारा को उचित नेतृत्व भी प्राप्त हो गया। बाल, लाल और पाल का सबल नेतृत्व इसे चरम सीमा तक खींच ले चला। लोकमान्य तिलक ने तो ''स्वतन्त्रता हमारा जन्मसिद्ध अधिकार है'' की घोषणा बहुत पहले ही कर दी थी। इन्हीं वर्षों में उदारवादियों से उनका नाता सदा के लिए टूट गया। ''भिखारी उपेक्षा और घृणा के ही पात्र हैं। हमें अंग्रजों को बता देना होगा कि हम भिखारी नहीं हैं–हमें भीख नहीं माँगनी।'' यह थी तिलक की ललकार जिसे जवानों ने अपने जीवन में ढाल लिया।

उग्रता की आँच में पिघलता भारत

उग्रवादियों ने कांग्रेस छोड़ दी। अपना अलग संगठन बनाया तथा अपने आन्दोलन के लिए नए कार्यक्रम निर्धारित किए। मगर तुम लोग यह मत समझ लेना कि दोनों धाराओं के लोग भी एक-दूसरे से अलग हो गए। हर जगह मध्यवर्गी लोग होते हैं जो दोनों ही छोरों को जोड़ने का प्रयत्न करते हैं। यह काम समय-समय पर गोखले तथा दादाभाई नौरोजी ने किया लेकिन अन्त में दोनों के रास्ते अलग हो गए। अलग हो जाने से तुम लोग आलू की तरह दो टुकड़ों में अलग हो जाना मत समझना। समय के प्रवाह में विचारधाराएँ, जाति विशेष की सफलता, असफलता, कमियाँ और उपलब्धियाँ, उनकी बुराई-अच्छाई इस प्रकार एक-दूसरे से गुँथी रहती हैं कि उन्हें अलग-अलग नहीं किया जा सकता। दोनों वर्ग एक ही उद्देश्य को लेकर काम करते रहे। हाँ, जमाना उग्रवादियों के अधिक निकट था।

गोपालकृष्ण गोखले

इस समय भारत का वायसराय लार्ड कर्जन था। कर्जन कठोर साम्राज्यवादी था। वह प्रतिभाशाली और योग्य प्रशासक था। उसने प्रशासन में काफी सुधार किए। कभी-कभी ऐसा भी होता है कि चतुर लोग ज्यादा चतुराई की झोंक में कुछ ऐसा काम कर बैठते हैं कि बात उल्टी जा बैठती है। यही बात कर्जन के साथ भी घटी। उन दिनों राष्ट्रीय चेतना का केन्द्र बंगाल था। उसने सोचा कि बंगाल के मूल निवासियों को दो भागों में बाँटकर उनकी ताकत घटा दी जाए। उसने प्रचारित किया कि बंगाल की जनसंख्या बहुत ज्यादा है।

क्षेत्रफल भी विशाल है। प्रशासन की दृष्टि से इसका बँटवारा ठीक है। इससे आम जनता को ही लाभ होगा। मगर बँटवारे के पीछे उनका उद्‌देश्य कुछ दूसरा ही था। उन दिनों भारत की कुल जनसंख्या का चौथाई भाग बंगाल में बसता था। तब उड़ीसा और बिहार भी बंगाल का ही भाग था। उसने बंगाल को उत्तरी और पूर्वी दो भागों में इस तरह बाँटा कि दोनों तरफ बंगाली अल्पसंख्यक हो जाएँ। एक तरफ उड़िया व बिहारी अधिक थे तो दूसरी तरफ मुसलमान।

लार्ड कर्जन

बंगाल विभाजन की भनक बहुत पहले ही लोगों को लग चुकी थी। तभी से आवेदन व ज्ञापनों द्वारा इसका विरोध शुरू हो गया था। प्रेस ने भी विरोध का नारा बुलन्द किया। बड़े जमीनदार, जो कभी अंग्रेजों के नम्र सेवक थे इस मुद्‌दे पर उनके विरोधी हो गए। 'आमार सोनार बांगलादेश' को विभाजित देखना किसी को नहीं भाया, यहाँ तक कि उदारवादी नेताओं को भी नहीं। लोगों ने सोचा इतने ऊँचे स्तर का विरोध देखकर सरकार अपनी मंशा त्याग देगी। मगर ऐसा कुछ भी नहीं हुआ। 19 जुलाई 1905 में बंग-भंग की विधिवत घोषणा कर दी गई। अब कोई अन्य रास्ता अपनाने के सिवा कोई चारा नहीं रहा।

16 अक्टूबर, 1905। जिस दिन विभाजन लागू हुआ, पूरे बंगाल में शोक-दिवस मनाया गया। किसी के घर चूल्हा नहीं जला। लोगों ने उपवास किया, गंगा स्नान किया और एक दूसरे की कलाइयों पर राखियाँ बाँधी। उत्तेजित और भाव विह्वल जनता सड़कों पर निकल आई। सारा बंगाल 'वन्दे मातरम्' तथा 'आमार सोनार बांगलादेश' के गीतों से गूँज उठा। शाम को विशाल जनसभा हुई और विभाजन के विरुद्ध लड़ाई की घोषणा कर दी गई। कहीं भी हिन्दू-मुसलमान का अन्तर नहीं था। देखते ही देखते उसी सभा में 50 हजार रुपए इकट्‌ठे हो गए।

कुछ अनुचित तो न होगा यदि मैं तुम लोगों को यह बताऊँ कि तब मैं आठ वर्ष का बालक था और अपने पिता के साथ गंगा स्नान को गया था।

बंगाल विभाजन के खिलाफ रैली

भीड़ दिखाने के लिए बापू ने मुझे अपने कन्धों पर बैठा लिया था। तब ऐसा लगा था जैसे लहराते काले समुद्र में पंजे उग आए हैं। लोग अपने हाथों को लहराते हुए नारे दे रहे थे। आन्दोलन के साथ यह मेरी पहली भागीदारी थी। मेरे पिताजी को लेकर दादा बहुत पहले सूखे की वजह से उत्तर प्रदेश से कलकत्ता आ गए थे। शुरू में उन्होंने बन्दरगाह पर बोझा ढोया। मेरे दादा ने कुली का काम छोड़ दूध का धन्धा कर लिया। फिर मेरे बापू ने...यह बात बताने का अवसर बाद में आएगा, तब बताऊँगा।

बंग-भंग से उपजे आन्दोलन ने तीन कार्यक्रम स्वीकार किए—बहिष्कार, शिक्षा, उद्योग और स्वदेशी राज्य। लोगों ने जमकर विदेशी माल का बहिष्कार किया। केवल कलकत्ता में ही नहीं, दूर-दराज गाँवों में भी लोगों ने विदेशी कपड़ों की होली जलाई, विदेशी कपड़ों की दुकानों पर धरने दिए गए। औरतों ने विदेशी चूड़ियाँ तोड़ डालीं और विदेशी बर्तनों को उठाकर कोने में डाल दिया। लोगों ने विदेशी चीनी से बने प्रसाद को लेने से मना कर दिया। यहाँ तक कि धोबियों ने विदेशी कपड़े धोना बन्द कर दिया। इसी बहिष्कार कार्यक्रम में स्कूल, कॉलेज, कचहरियों व दफ्तरों का बहिष्कार भी किया गया।

विदेशी वस्तुओं की होली

अब आन्दोलन के नेताओं ने इस बात की आवश्यकता समझी कि स्कूल, कॉलेज छोड़कर बाहर आ जानेवाले छात्रों के लिए पढ़ाई की व्यवस्था होनी चाहिए। इस आवश्यकता का सामना करने के लिए राष्ट्रीय-शिक्षा-परिषद का गठन हुआ। कई महत्त्वपूर्ण शिक्षण संस्थाओं की स्थापना हुई। 'बंगाल-नेशनल-कॉलेज', 'बंगाल टैक्निकल इंस्टीट्यूट' तथा 'इंडियन सोसायटी ऑफ ओरियंटल आर्ट्स' की स्थापना हुई। शिक्षा के साथ ही लोगों ने यह महसूस किया कि हमारा सारा उद्योग-धन्धा विदेशियों के हाथ में है। हमें अपनी पूँजी से अपना उद्योग खड़ा कर उसे स्वयं ही चलाना चाहिए। इस कार्यक्रम के अन्तर्गत बंगाल में साबुन, माचिस और कपड़े की मिलें स्थापित की गईं। बीमा कम्पनियों की भी स्थापना हुई। यह बात जरूर है कि ये उद्योग-धन्धे ज्यादा दिन तक टिक नहीं सके मगर लोगों को यह विचार तो दिया ही कि बिना आत्मनिर्भर हुए भारत का कल्याण नहीं है।

बंग-भंग के विरोध में उठ खड़े होनेवाले आन्दोलन को हम, 'स्वदेशी आन्दोलन' कह सकते हैं, इसने स्वदेशी राज्य की माँग को और तेज कर दिया। पूर्ण स्वतन्त्रता का चित्र अभी लोगों के जेहन में पूरी तरह साफ नहीं

हुआ था—हाँ, राज्य में हमारी साझेदारी होनी चाहिए यह बात सभी के सामने साफ थी। स्वदेशी आन्दोलन को आगे बढ़ाने में स्वयंसेवी संगठनों ने खूब मदद की, वैसे तो बंगाल के मुहल्ले-मुहल्ले में किसी-न-किसी स्तर की समिति का गठन हो चुका था। उन सब में से 'स्वदेश-बान्धव समिति' के बारे में जानना तुम लोगों को रुचिकर होगा। इसकी स्थापना बंगाल के बारीसाल जिले में हुई। श्री अश्विनी कुमार ने इसकी स्थापना की। आप पेशे से अध्यापक थे। मगर आपमें संगठन की अपार क्षमता थी। इनकी देखरेख में कुछ ही दिनों में इसकी 159 शाखाएँ केवल बारीसाल में ही नहीं बंगाल के अन्य प्रान्तों में भी फैल गईं। इन समितियों ने पूरी तरह साधारण जनता में घुल-मिल जाने का काम किया। अकाल व महामारी के समय राहत कार्य किए, स्कूल खोले, देशी अदालतें कायम कर गाँव में ही लोगों के झगड़े निपटा दिए। बड़े जमींदारों व काश्तकारों के सामने किसानों व खेतिहर मज़दूरों के हित को रखकर राहत दिलवाई। सबसे बड़ी बात तो यह थी कि बारीसाल में गरीब मुसलमान बहुसंख्या में थे और जमींदार व बड़े काश्तकार हिन्दू थे। अश्विनी कुमार दत्त वह पहले व्यक्ति थे जिन्होंने गरीब किसानों को राष्ट्र की उथल-पुथल से जोड़ा, स्वयं हिन्दू होते हुए भी मुसलमान किसानों को प्रभावित किया, उनकी शक्ति को उभारा, उनकी भावनाओं को समझा। एक साधारण शिक्षक ने जो कर दिखाया था वह अब तक कोई नेता नहीं कर सका था।

मैं फिर तुम लोगों के सामने यह स्पष्ट करना चाहता हूँ कि अभी तक धर्म और रीति-रिवाजों के भिन्न होते हुए भी हिन्दू और मुसलमान जनता किसी बड़े प्रश्न पर साथ खड़ी हो जाती थी। इस आन्दोलन में प्रसिद्ध बैरिस्टर अब्दुल रसूल, लोकप्रिय आन्दोलनकर्ता लियाकत हुसैन तथा सफल व्यवसायी गजनवी जैसे सम्मानित मुसलमानों ने समान भाव से भाग लिया।

पहली बार इस आन्दोलन में उस वर्ग ने भाग लिया जो अब तक राष्ट्रीय धारा से अलग-थलग था। शहरी निम्न वर्गीय छात्र, छोटे-बड़े जमींदार, कवि, लेखक, कलाकार तथा स्त्रियाँ। पहली बार स्त्रियाँ किसी सार्वजनिक कार्य के लिए घर से बाहर निकलीं। जुलूसों में भाग लिया और धरने दिए। एक कथा में लड़कियों के लिए एक प्रतिज्ञा लिखी गई—"मोटा वस्त्र पहनूँगी...। मोटा अन्न अक्षय हो, मोटा वस्त्र अक्षय हो, घर की लक्ष्मी घर पर रहे।"

इसी समय वह पहला मौका आया जब 'ईस्ट इंडियन रेलवे' तथा 'क्लाइव

जूट-मिल' जैसी विदेशी कम्पनियों में कई-कई दिनों की सफल हड़तालें हुईं। इसने भारत के अन्य हिस्सों को भी सजग कर दिया। इसके कार्यक्रमों को तिलक ने बम्बई व पूना में, अजीतसिंह व लाजपतराय ने पंजाब व उत्तर प्रदेश में, सैयद हैदर रजा ने दिल्ली में तथा चिदम्बरम पिल्लै ने मद्रास में सफलतापूर्वक चलाया। इस बीच सविनय अवज्ञा, बहिष्कार, टैक्स न देना, हड़ताल, धरना आदि विरोध प्रकट करने के तरीकों को आजमाया गया। बाद में इन्हीं का महात्मा गांधी ने अधिक कुशलता और सफलता से प्रयोग किया।

अंग्रेजी शासन ने इस आन्दोलन को भी बड़ी सख्ती से दबाया। अश्विनी कुमार सहित नौ बड़े नेताओं को निर्वासित कर दिया गया। तिलक को छह वर्ष कड़ी कैद की सजा मिली। साधारण जनता, छात्र, स्त्रियाँ सभी दमन की शिकार हुईं। हाँ, एक बात अंग्रेजों को फाँस की तरह चुभ गई--वह थी हिन्दू-मुस्लिम एकता। उन्हें यह भी अनुभव हो गया कि बंगाल का विभाजन व्यावहारिक नहीं है। 1911 में बंग-भंग कानून को रद्द कर दिया गया। भारत की राजधानी कलकत्ता से हटाकर दिल्ली में लाने की घोषणा हो गई।

यह बंगालियों की बड़ी भारी विजय थी। बंग-भंग के कारण उठा आन्दोलन समाप्त नहीं हुआ, वह स्वतन्त्रता-आन्दोलन की मुख्य धारा से जुड़ गया।

आतंकवाद का प्रहार

1907 के करीब उभर आई आतंकवादी क्रान्ति। यदि हम इसका जायजा नहीं लेंगे तो इतिहास के रोमांचक दृश्यावलोकन से निश्चय ही वंचित रह जाएँगे।

उग्रवादी उदारवादी कांग्रेस से निराश हो सदा के लिए अलग हो चुके थे। यूँ दोनों ही तरफ अच्छे विचारक और देशप्रेमी थे जो दोनों वर्गों में मेलजोल के इच्छुक थे। उदारवादियों में गोखले और उग्रवादियों में तिलक द्वारा अन्तिम बिन्दु तक यह प्रयत्न किया गया कि कांग्रेस न टूटे। मगर समन्वयवादियों की तरह हर युग में अतिवादी भी होते ही हैं। यही वह समय है जब बंगाल विभाजन के कारण बंगाली खून खौल रहा था। धधकते बंगाल की आँच में भारत के दूसरे हिस्से भी गरमा चले थे। तभी कांग्रेस दो भागों में बँट गई और अंग्रेजों का काम आसान हो गया। चुन-चुनकर उग्रवादियों का दमन किया गया। उग्रवादी अखबारों का मुँह बन्द कर दिया गया। नौ बड़े नेताओं को निर्वासन व कालेपानी की सज़ा हो गई। तिलक छः वर्ष के लिए मंडाले जेल भेज दिए गए। अरविन्द ने पांडिचेरी की राह पकड़ी। विपिन चन्द्रपाल ने राजनिति से संन्यास ले लिया। लाजपत राय ब्रिटेन चले गए। इस तरह उग्रवादी अपने पीछे कोई नेतृत्व नहीं छोड़ गए।

लाला लाजपत राय

अब उदारवादियों के लिए रास्ता साफ था। लेकिन जब उन्हें सरकार से उपेक्षा मिली तब उनकी आँखें खुलीं। नारद के मोह भंग की तरह उनका भी मोह भंग हो गया। उन्हें अब मालूम

हुआ कि सरकार उनसे जो बातचीत करने की इच्छुक रहती है वह केवल उग्रवादियों के डर से, उनके डर से नहीं। उग्रवादियों का दमन कर अब उदारवादियों की उपेक्षा करना उनके लिए आसान हो गया। सच पूछो तो इस समय राजनैतिक क्षेत्र में उदासी-सी छा गई।

बंगाल का युवा वर्ग बहुत बौखलाया हुआ था। इस समय इस ताकत को सही मार्गदर्शन की आवश्यकता थी लेकिन इन्हें कांग्रेस से कोई मार्गदर्शन नहीं मिला। बंगाली युवकों के सामने ऐसे उदाहरण थे कि किस प्रकार व्यक्तिगत वीरता के बल पर अंग्रेजों का विरोध किया जा सकता है। बंगाली जवानों ने वही रास्ता चुन लिया। उग्रवादियों ने यह आह्वान तो किया—''तीस करोड़ जनता साठ करोड़ हाथ उठाए, ताकत का मुकाबला ताकत से किया जाए,'' मगर कैसे ? यह नहीं बताया। उठे हुए ये हाथ करें तो क्या करें ? बंगाली युवकों ने हाथों में बम-पिस्तौल पकड़ लिए।

बारीन्द्र घोष नामक युवक ने अखाड़ों की स्थापना कर गुप्त समितियाँ बनाईं। इनका मुख्य उद्देश्य था—बदनाम व अत्याचारी अंग्रेज अधिकारियों को मार डालना। बंग-भंग का सारा आन्दोलन व्यक्तिवादी आतंकवाद पर आ टिका। इसमें सबसे पहला शहीद हुआ अट्ठारह वर्षीय खुदीराम बोस। अपने मित्र प्रफुल्ल चाकी के साथ मिल इसने जार्ज किंग्सफोर्ड की बग्घी पर बम फेंका। जार्ज तो नहीं मरे, दुर्भाग्य से दो अंग्रेज महिलाएँ मर गईं। दोनों पकड़े गए। चाकी ने खुद को गोली मार ली। खुदीराम को फाँसी हो गई। उसने जरा भी कमजोरी नहीं दिखाई। उसकी अर्थी के साथ इतनी भीड़ थी जितनी संगम पर कुम्भ स्नान के समय ही होती थी। चिता की चुटकी भर राख के लिए लोग टूट पड़े। खुदीराम को पकड़नेवाले दारोगा नन्दलाल को बाद में आतंकवादियों ने मार डाला।

बारीन्द्र घोष

अंग्रेज व्यक्तिगत रूप से सबसे ज्यादा इसी बम-पिस्तौल से डरते थे। स्वाभाविक

भी है। आखिर वो यहाँ रोजी-रोटी कमा रहे थे। जान गँवाना भला किसे अच्छा लगता है ! इसी कारण इन आतंकवादियों की बड़ी गहरी खोजबीन हुई। बहुत जल्दी काफ़ी लोग पकड़ लिए गए। इनके लिए फाँसी व आजन्म कारावास से कम की कोई सजा नहीं थी। बरीन्द्र घोष, अरविन्द, कन्हैयालाल तथा अनेक युवक इसके शिकार हुए। इनमें से बहुतों के बारे में तुम लोगों ने सुना-पढ़ा होगा। बहुत सारे लोग तो अनजान ही रहे। उन अनजानों में से एक के विषय में मैं बताना चाहूँगा। उन दिनों आशुतोष विश्वास नामक सरकारी वकील षड्यन्त्रकारियों को पकड़वाने, सबूत इकट्ठा करने तथा उन्हें कठोर से कठोर दंड दिलवाने का काम किया करता था। इस काम में उसने अंग्रेजों से खूब शाबाशी लूटी। वह बंगाली युवकों की आँखों का काँटा था। यह बात वकील भी जानता था। उसने अपनी सुरक्षा के कड़े प्रबन्ध कर रखे थे। देशद्रोही आशुतोष को गुमान भी न था कि यह यूँ मारा जाएगा। उन्हीं दिनों चारुचन्द्र बोस नामक दुबला-पतला, बीमार-सा दिखनेवाला, दाहिने हाथ का लूला लावारिस लड़का कलकत्ते की सड़कों पर घूमा करता था। मेहनत-मज़दूरी कर किसी तरह पेट भर लेता था। उसे देख कौन कह सकता था कि इस राख के नीचे इतनी ज्वाला धधक रही है। 1909, फरवरी का महीना था, आशुतोष विश्वास न्यायालय का आँगन पार कर ही रहा था कि चारुचन्द्र उससे जा सटा और अपनी पिस्तौल खाली कर दी। वकील तत्काल मर गया। यह एक अलग कथा है कि उस लूले लड़के ने लूले हाथ में रस्सी बाँध किस तरह पिस्तौल चलाना सीखा ? पिस्तौल मिली कहाँ से ? दीन-हीन चारुचन्द्र अपने पर चलनेवाले मुकदमे की बहस को चुपचाप बैठा सुनता रहा। फाँसी की सजा सुन, उठकर ऐसे चल पड़ा जैसे खेल खतम पैसा हजम, अब घर चलो। चारुचन्द्र की घटना ने बंगाल को ही नहीं, अंग्रेजों को भी हिलाकर रख दिया।

लेकिन बेहद जोश और निडरता से फूट पड़नेवाला यह आंतकवादी आन्दोलन ज्यादा दिन तक नहीं चला। स्वदेशी आन्दोलन की ताकत तो घट ही चुकी थी। आन्दोलनकारी युवकों के लिए स्कूल-कॉलेज और नौकरियों के दरवाजे बन्द हो चुके थे। प्रेस, प्रदर्शन और सभाओं पर प्रतिबन्ध लगाया जा चुका था। खासकर आतंकवादी आन्दोलन को बड़ी बेरहमी व निर्ममता से दबाया गया। जेलों में जिन अमानवीय यातनाओं का सामना जवानों ने किया

उसे सोच आज भी रोंगटे खड़े हो जाते हैं। जरा से शक में ही होनेवाली पिटाई अपने में एक मिसाल है। 1908 से 1918 के बीच 186 क्रान्तिकारी या तो मारे गए या जेलों में यातना भुगतते रहे।

धीरे-धीरे राजनैतिक क्षेत्र में एक ठहराव-सा आ गया। आगे तुम देखोगे कि थोड़ा सुस्ताने के बाद अपना आन्दोलन नई शक्ति से सज्जित हो फिर फूट पड़ा।

भारत का मुस्लिम सम्प्रदाय

1909 में भारत में कानून सुधार के नाम पर मार्ले-मिन्टो सुधार का खुशनुमा तोहफा मिला। इस सुधार का उद्देश्य था साम्प्रदायिकता को दरकिनार कर एकजुट होते भारत की जनशक्ति को तोड़ देना। 'फूट डालो और राज करो' यह अंग्रेजों की पुरानी नीति थी। इस कानून के आधार पर अब मुसलमानों के लिए सुरक्षित सीटें थीं। जहाँ मुसलमान अपने ही सम्प्रदाय के लोगों में से मनपसन्द उम्मीदवार चुन सकते थे। अपनी कूटनीति में अंग्रेज सफल रहे और भारत में एक ऐसा विषवृक्ष रोप दिया जिसके फल से सारा वातावरण विषाक्त हो उठा।

इस स्थिति को ठीक-ठीक समझने के लिए हमें पीछे मुड़कर देखना होगा, तभी हम सारी स्थिति को ठीक-ठीक समझ सकेंगे। यह ठीक है कि मुसलमान भारत में बाहर से आए मगर धीरे-धीरे वो यहाँ बस गए। उनका कोई दूसरा वतन नहीं रहा। जो भी ऐयाशी की हो या वैभव भोगा हो यहाँ की समृद्धि बाहर नहीं भेजी। अंग्रेजों का मनोभाव दूसरा ही था। उनके स्वार्थ की डोर सदा इंग्लैंड से बँधी रही। वे भारत के न हो सके, न ही भारत उनका। 1857 के प्रथम विद्रोह के समय मुसलमानों और हिन्दुओं ने कन्धे से कन्धा मिलाकर भाग लिया था। चूँकि अंग्रेजों ने भारत की सत्ता सीधे-सीधे मुसलमानों से छीनी थी अतः उनके मन में मुसलमानों के प्रति एक गाँठ थी। यूँ तो अंग्रेजों ने सामान्य जनता, किसान, मजदूर, छोटे कारीगर, व्यापारी, किसी की भी उन्नति के लिए कोई पहल नहीं की लेकिन मुसलमानों की तो जान-बूझकर उपेक्षा की। यही कारण है कि मुसलमान जनता गरीब से गरीब होती गई। जब अंग्रेजों ने यहाँ नई शिक्षा पद्धति का प्रवेश कराया तो उससे बंगाल के हिन्दू भद्र लोग ज्यादा आकर्षित हुए। मुसलमान अपने राजपाट को हार जाने के दर्द और पुरानेपन से चिपके रहे। ऐसी स्थिति में भारत में दोनों सम्प्रदाय

आपसी प्रेम, भाईचारा और समझदारी से रहते थे। गाँव या शहर कहीं भी एक-दूसरे के बिना दोनों का काम चलता नहीं था। मिठाईमल न हो तो मिठाई कौन बनाएगा, इमाम अली न हो तो शादी में शहनाई कौन बजावेगा ? माली न हो तो मजार पर चढ़ाने की फूल-चादर कौन बनाएगा और अली न हो तो रावण का ढाँचा कौन तैयार करेगा ? 'जियो और जीने दो' के सिद्धान्त पर अमल करते हुए दोनों मिल-जुलकर रह रहे थे। नई शिक्षा की आवश्यकता मुसलमानों ने भी समझी। मुसलमानों में आधुनिकता की नई धरा को लानेवाले थे सर सैयद अहमद खाँ। मुसलमानों की शिक्षा के लिए उन्होंने खूब काम किया मगर हिन्दुओं को अपने से कभी अलग नहीं समझा। उनके भाषणों के एक अंश से तुम लोग उनकी भावना को और अच्छी तरह समझ सकते हो—"मेरी राय में किसी की धार्मिक निष्ठाएँ क्या हैं, इसका कोई सवाल नहीं है। सबसे महत्त्वपूर्ण प्रश्न है कि क्या हिन्दू, क्या मुसलमान, दोनों एक भूमि पर रहते हैं।...मैं अल्लाह से प्रार्थना करता हूँ कि वह हमारे मुल्क पर मेहरबान हो और हमारे देश में ज्ञान का प्रकाश चारों तरफ फैलाए।" इस युग के शायर अल्ताफ हुसैन 'हाली' भी परम राष्ट्रवादी थे। उनकी भी यह दृढ़ मान्यता थी कि देश की खुशहाली की रक्षा एकता के जरिए ही की जा सकती है।

मुसलमानों की इस तरक्की और हिन्दू-मुस्लिम एकता से अंग्रेज काफी पहले ही चौकन्ने हो चुके थे। अब तो कुछ-न-कुछ करना ही था। खतरे की घंटी बज चुकी थी। इसीलिए 1906 तक आते-आते उन्होंने अपनी नीति उलट दी। वे हिन्दुओं की उपेक्षा और मुसलमानों को अपनी तरफ खींचने की कोशिश करने लगे। उनकी इसी चाल और सिखाने-पढ़ाने के कारण वही राष्ट्रवादी सर सैयद अहमद खाँ और वही एकता का दीवाना शायर 'हाली' सम्प्रदायवादी बन गए। उनकी इसी नीति की अगली कड़ी थी मार्ले-मिन्टो सुधार। इस सुधार के द्वारा दोनों सम्प्रदायों में फूट के बीज बो दिए गए। उन्होंने अलग निर्वाचन का अधिकार ही नहीं दिया, कुछ ऐसी बातें भी कीं कि साधारण लोग आपस में कट मरे। रुको, एक बहुत साधारण-सा तथ्य बता रहा हूँ। कानून के तहत 750 रुपए मालगुजारी देते ही मुसलमान मतदाता हो जाता था परन्तु हिन्दू 7000 रुपए देने के बाद मतदाता हो सकता था। फूट के जो बीज उन्होंने बोए वह अमरबेल की तरह पसरती ही चली गई।

मोहम्मद अली जिन्ना

बहुत दिनों तक सरकार को अपने इस कार्य में ज्यादा सफलता नहीं मिली। आगे भी ऐसे मुसलमान नेता व विचारक हुए जिन्होंने यह अनुभव किया कि इस देश की खैरियत इसी में है कि सब सम्प्रदाय मिलकर रहें—नहीं तो अंग्रेज यहाँ से कभी नहीं जाएँगे। भाई अकातुल्ला, बैरिस्टर अब्दुल रसूल, हलीम गजनवी, अब्दुल गफूर सिद्दीकी, इस्माइल सिराज तथा लियाकत हुसैन सभी ने एकता पर बल दिया और मुस्लिम सम्प्रदाय को गुमराह होने से बचाने के भरसक प्रयत्न किए। मुसलमानों के सबसे बड़े नेता मुहम्मद अली जिन्ना प्रारम्भ में कांग्रेस के सदस्य थे। वे हर प्रकार के संकुचित विचारों से मुक्त, पक्के देशभक्त थे। जब बंग-भंग के समय अंग्रेज बंगाल की मुस्लिम जनता को आन्दोलन की मुख्य धारा से तोड़ना चाहते थे—1906 में ढाका में मुस्लिम-लीग की स्थापना करवाई—जिन्ना को इस कठमुल्लावादी लीग से कोई सरोकार नहीं था। एक बार अपने भाषण में उन्होंने कहा, "सार्वजनिक कार्यकर्ता ऐसे होने चाहिए जो दुर्बलों को दबाना न चाहें, न शक्तिशालियों के आक्रमण के सामने झुकें या काँपें। ये कार्यकर्ता तात्कालिक और छोटे स्वार्थों में उलझने के बजाय ऊँचे स्तर की निष्ठा और सेवा का परिचय देनेवाले होने चाहिए ताकि साधारण लोगों में श्रद्धा, स्वतन्त्रता की भावना और शक्ति का संचार हो।"

जिन्ना की यह विचारधारा गांधी के अहिंसात्मक आन्दोलनकारियों के चरित्र से पूरी तरह मेल खाती है। हर वर्ग की तरह मुसमलानों में भी कट्टरपंथी थे सो मुस्लिम लीग दिन-ब-दिन तगड़ी होती चली गई। इसे उकसाने, बनाने और मदद करने में अंग्रेज सदा तैयार रहे। जिन्ना ने इस अलगाववादी विचारधारा की आलोचना की। समय-समय पर कांग्रेस और लीग में मेल-मिलाप कराने के प्रयत्न किए। जब भी दोनों सम्प्रदाय एक-दूसरे के निकट आते, सरकार अपनी टाँग अड़ा देती। सरकार मुसलमानों को सदा छोटी-छोटी सहूलियतें देती रही। मैं तो यह मानता हूँ कि मार्ले-मिन्टो सुधार वह छोटा-सा छेद था जिसने एकता की नैया को साम्प्रदायिकता के सागर में

डुबो दिया। आखिर भारत दो भागों में बँट गया।

दो सम्प्रदाय की इस दूरी को दिनों-दिन बढ़ाने में कुछ विशेष कारणों ने काम किया—

(1) मुस्लिम सम्प्रदाय की कट्टरपंथी विचारधारा,

(2) अंग्रेजों की कूटनीति,

(3) हिन्दू राष्ट्र का नारा देनेवाले संगठनों की स्थापना,

(4) हिन्दू सम्प्रदाय का अहम्, एवं

(5) कांग्रेसी नेताओं द्वारा मुस्लिम नेताओं की अवहेलना।

1913 से 1920 के बीच मुस्लिम नेताओं ने अपने सम्प्रदाय को एक राष्ट्रीयता से जोड़े रखा। फिर बन्धन कुछ ढीले होते चले गए। फिर भी जिन्ना तथा अन्य मुस्लिम नेता भारत की एकता की माँग पर अटल रहे। 1937 में विधानसभाओं का चुनाव हुआ। मुस्लिम लीग ने कहीं भी बहुमत प्राप्त नहीं किया। कांग्रेसी नेताओं का रुख भी उपेक्षापूर्ण ही रहा। मुस्लिम बहुल प्रदेशों में भी उन्होंने किसी लीगी को मन्त्रिपद नहीं दिया।

फलस्वरूप 'मुस्लिम-गोखले' के नाम से प्रसिद्ध जिन्ना बहुत हताश व निराश हुए। जिन्ना के साथ न्याय के लिए यह जान लेना आवश्यक है कि उन्हें धर्म से कोई मतलब नहीं था, वे पूरी तरह पाश्चात्य सभ्यता में डूबे थे। वो बौद्धिक थे और पैसे वाले भी। उनकी समझ में गांधी के पदार्पण के बाद राजनीति का सारा वातावरण ही गँवारू हो गया। एक तरफ गांधी ईश्वर का नाम लेते थे तो खिलाफ़त आन्दोलनकारी अल्ला अल्ला-चिल्ला रहे थे। उन्हें ऐसा महसूस होने लगा मानो कांग्रेस को अब केवल दिमाग वाले लोगों की जरूरत नहीं है। कांग्रेस अधिवेशनों में अब खादी टोपी से लैस दाढ़ी-चोटी धारी हिन्दू-मुसलमान प्रतिनिधियों की भीड़ हो गई थी। गांधी आन्दोलन को धूल भरे गाँवों तक खींच ले गए थे। जिनसे जिन्ना का दूर-दूर तक कोई रिश्ता नहीं था। जहाँ बहुसंख्या का प्रश्न उठता है वहाँ किसी बुद्धिवादी को कौन पूछता है ? इन बदली परिस्थितियों से जिन्ना तालमेल नहीं बैठा पाए। निराश, कुंठित व क्रोधित जिन्ना को लीगियों ने बड़ी आसानी से अपने पास खींच लिया। फिर तो उन्होंने मुसलमानों की भावनाओं को उभारनेवाले अनेक नारे दिए। अगले छह-सात वर्षों में ही अलग मुस्लिम राष्ट्र पाकिस्तान की तस्वीर स्पष्ट हो गई। गांधी के लाख प्रयत्न करने पर भी उनका हृदय

इकबाल

परिवर्तन नहीं हुआ। यह भी एक विचित्र संयोग है कि वर्षों पूर्व भारत से दूर कैम्ब्रिज में पढ़नेवाले एक छात्र चौधरी रहमत अली की काल्पनिक योजना 'पाकिस्तान' यूँ फलीभूत हो गई।

एक अन्य व्यक्ति की चर्चा किए बिना यह प्रसंग पूरा नहीं होता। इस युग ने हमें एक बेमिसाल शायर प्रदान किया। वह जाति का मुसलमान था, नाम था इकबाल। उनका काव्य संकलन, 'तराना-ए-हिन्द' इतना मशूहर हुआ कि उसके गीत हर नौजवान के ओठों पर मचलने लगे। एक गीत ने वन्दे मातरम् को भी पीछे छोड़ दिया। आज भी तुम सब उस गीत को गाते और विभोर होते हो। गीत है—

सारे जहाँ से अच्छा, हिन्दोस्ताँ हमारा
हम बुलबुले हैं इसकी यह गुलिस्ताँ हमारा

इकबाल के लिए वतन 'खुदा' की तरह था। लगभग 1910 में वो यूरोप यात्रा पर गए। लौटे तो पूरी तरह बदल चुके थे। वे पूरी तरह आध्यात्मिक बन चुके थे। अब उनका एक ही आदर्श था—'इस्लामी राज्य' अचानक इस परिवर्तन का रहस्य आज तक समझ में नहीं आया ? वो यह पूरी तरह भूल गए कि 1857 में 'पयामे आजादी' पत्र निकालनेवाले पहले पत्रकार बेदार-बख्त के शरीर पर सुअर की चर्बी मलकर फाँसी दी गई थी। उसी बेरहम हुकूमत द्वारा दिया गया 'नाइटहुड' का ख़िताब उन्होंने ग्रहण किया। इकबाल जानते थे कि जिन्ना की तरह चरित्र सम्पन्न और दृढ़ मत अन्य कोई मुस्लिम नेता नहीं है। वे बराबर जिन्ना से पत्रों द्वारा सम्पर्क बनाए रहे मगर 1937 तक जिन्ना पर इन बातों का कोई असर नहीं हुआ। वे एकतावादी ही बने रहे। बदलती परिस्थितियों, अपनों की उपेक्षा, स्वयं की हताशा ने जिन्ना को पाकिस्तानवादी बना दिया।

यह बहुत आवश्यक है कि भारत के खंडन के वास्तविक कारण को समझा जाए। खासकर तुम लोगों को तो समझना ही चाहिए। राष्ट्रीय खंडन का दोष केवल अंग्रेजों व मुसलमानों के मत्थे मढ़ना ठीक नहीं है। तुम्हें तो

खुद ही मालूम है कि जो बड़े होते हैं उनकी जिम्मेदारी भी बड़ी होती है। जो परिस्थितियाँ बन गई थीं उनमें बहुसंख्यक होने के नाते हिन्दू समाज और सबसे पुराना राजनैतिक संगठन होने के कारण कांग्रेस का दायित्व सबसे अधिक था। अफ़सोस कि इसका निर्वाह उन्होंने नहीं किया। सामान्य सामाजिक आचरणों में हम हिन्दू सदा से ही अनुदार रहे हैं। अपने इसी अहं, स्वार्थ, अकड़ के कारण इसने बहुत कुछ खोया है। हिन्दू-मुसलमान, अगले-पिछले, सवर्ण-दलित, स्त्री-पुरुष आदि अनेक समस्याएँ इस समाज को अन्दर से खोखला करती रहीं। एक दोहा तुम्हें याद होगा—"चन्दन विष ब्यापत नहीं लपटे रहत भुजंग।" मगर हम चन्दन वृक्ष नहीं थे। भुजंग ऊपर से नहीं हमारे दिलों में फुफकार रहे थे। अंग्रेजों ने तो बस उसे छेड़ दिया था और मुसलमान भयभीत हमसे दूर भाग गए।

ये तो हुई इतिहास की बातें। ठीक इसी समय, इसी विषय पर मैं, तुम लोगों का बुड्ढ़ा दादा, तुम लोगों से व्यक्तिगत बातें करना चाहता हूँ। साधारण लोगों की धारणा यह है कि छोटों के सामने बड़ों की कमी, बुराई व दोषों का बयान नहीं करना चाहिए, इससे छोटों के मन में आदर्श रूप में स्थापित बड़ों की छवि धूमिल हो जाती है। मगर मैं—व्यक्तिगत रूप से इस विचार का विरोधी हूँ। छोटों को अपने बड़ों की भूलें व कमियाँ भी मालूम होनी चाहिए, तभी वे किसी स्थिति का ठीक-ठीक विश्लेषण कर पाएँगे। आखिर आगे तो उन्हें ही जाना है। आनेवाली अनजान परिस्थितियों का सामना भी अकेले ही करना है। इसीलिए पुरानी पीढ़ी को अपनी कमियों, अपनी असफलताओं का कच्चा चिट्ठा नई पीढ़ी के सामने रख देना चाहिए। हाँ, यह काम जरा पीड़ादायक है और कठिन भी।

अपनी पीढ़ी का प्रतिनिधित्व करते हुए यह कहने में मुझे झिझक नहीं है कि—हाँ, मैं दोषी हूँ—मैंने भूलें की हैं। अब आज बस। पुरानी यादों ने मुझे थका दिया है। विदा ! कल तक के लिए विदा !! मीठी नींद में डूबे मेरे बच्चो, शुभ रात्रि !!!

हम यहाँ से लड़ेंगे

यहाँ तक आते-आते अपने राष्ट्रीय आन्दोलन की लड़ाई ने तुम लोगों का ध्यान इस सच्चाई की तरफ खींचा होगा कि यह हर कालखंड में साथ-साथ दो स्तरों पर लड़ी गई। एक स्वरूप था विचार-विमर्श, आवेदन-प्रतिवेदन, पत्रकारिता द्वारा प्रचार व धिक्कार, संगठन व प्रस्ताव का, दूसरा स्वरूप जरा ज्यादा ही गर्म व उतावला था अर्थात् हथियार उठा लेनेवालों की लड़ाई। परिस्थितियों के प्रभाव से कभी एक धारा प्रबल हो उठती थी तो कभी दूसरी। अंग्रेज पहले स्तर की लड़ाई की ज्यादा परवाह नहीं करते। कभी उनकी बातें अनसुनी कर देते, कभी कुछ नई शर्तों के साथ उनकी बातें मान लेते, फूट डाल देते। जब इनसे भी काम न चलता तो अन्तिम हथियार कैद का सहारा लेते। जब कभी संवैधानिक धारा बिलकुल ही कमजोर पड़ जाती, राजनैतिक जगत ही नेताविहीन हो जाता, आतंकवादी क्रान्तिकारी मैदान में कूद पड़ते। यह बात सच है कि जीवन हथेली पर लेकर जंग में कूद पड़नेवाले कम ही होते हैं। इसीलिए इन जीवटों की तादाद उतनी तो न थी जितनी संवैधानिक नेताओं की। फिर भी जब-जब ये शोले फूटते, पूरे राजनैतिक आकाश को आलोकित कर देते। आग का तो धर्म ही होता है, जलना और जलाना। इनसे अंग्रेज बहुत डरते थे और डरे हुए अंग्रेज दमन-चक्र भी उतनी ही क्रूरता से चलाते। वे किसी संवैधानिक नेता के अपरध को अनदेखा कर सकते थे मगर किसी क्रान्तिकारी को कभी नहीं छोड़ते थे।

कुछ लोग ऐसा समझते हैं कि अपने प्राणों की आहुति देनेवाले विद्रोही सारा काम क्षणिक आवेश में करते थे। यह बात सही नहीं है। इस सच्चाई को वे भी जानते थे कि दो-चार हत्याओं या थोड़ी लूटपाट द्वारा अंग्रेजों को यहाँ से भगाया नहीं जा सकता। मगर उनका यह दृढ़ विश्वास था कि आतंकवाद से शासन व्यवस्था को चोट पहुँचाई जा सकती है। इन छोटी-छोटी

क्रान्तियों की ऊर्जा से एक दिन व्यापक क्रान्ति होगी और अंग्रेजों को यहाँ से अपना बोरिया बिस्तर उठाना पड़ेगा। उनके इस विश्वास का कारगर कारण ही था। टूटा हुआ बंगाल फिर जुड़ गया। आखिर शहीदों के खून ने कुछ रंग तो लाया ही। बंगाली जाति, जिसे अंग्रेज बिना रीढ़ की जाति कहते थे, ने सिद्ध कर दिया कि उनके रीढ़ है और वह भी फौलादी।

1916 तक आते-आते भारतीय क्रान्तिकारियों का कार्यक्षेत्र भारत तक ही सीमित नहीं रहा। धीरे-धीरे इनका सम्पर्क विदेशों से भी हो गया। विदेशों में भी काफी संख्या में भारतीय रहते थे। इन सबसे आन्दोलनकारियों ने अपना सम्पर्क बढ़ाया और विदेशी मित्र भी बनाए। विदेशी सम्पर्क का केवल एक उदाहरण दे रहा हूँ। तुम लोगों को याद होगा कि भारत के गवर्नर जनरल लार्ड हर्डिंग की गाड़ी को बम से उड़ा देने का प्रयत्न किया गया था, जब वह रेल से सफर कर रहा था। इस बम को बनाने की तरकीब पेरिस में जा बसे पेशे से इंजीनियर रूसी क्रान्तिकारी सांफ्रास्की ने बताई थी।

यह वह समय था जब भारत की आजादी के लिए विदेशों में भी संगठन बनने लगे थे। ध्यान देने की बात यह है कि ये सभी संगठन अपने स्वभाव में क्रान्तिकारी थे। उनमें से कुछ प्रमुख हैं—लन्दन में स्थापित 'इंडिया-हाउस-ग्रुप', अमेरिका व कनाडा में स्थापित 'गदर पार्टी', जापान में स्थापित 'इंडिपेंडेंट लीग ऑफ इंडिया' तथा 'आजाद-हिन्द फौज'। महाराष्ट्र के क्रान्तिकारियों का सीधा सम्पर्क इंग्लैंड गए सावरकर भाइयों से था। नासिक के कलेक्टर जेक्सन की हत्या जिस हथियार से कान्हे रे नामक युवक ने की थी उसे दामोदर सावरकर ने ही भेजा था। 4 अक्टूबर, 1857 में काठियावाड़ के एक ग्राम मांडली में जन्मे श्याम जी कृष्ण वर्मा ने भी विदेश में रहकर ही क्रान्ति का संचालन किया। अति सामान्य परिवार में जन्मे श्याम जी कृष्ण वर्मा अत्यन्त प्रखर बुद्धि के मालिक थे। संस्कृति के प्रकांड ज्ञान के कारण ही आप अंग्रेजों के सम्पर्क में आए। इधर चाफेकर बन्धुओं से भी आपके सम्बन्ध थे। चाफेकर बन्धुओं को तो फाँसी हो गई और आप इंग्लैंड जा पहुँचे। वहाँ 1905 में 'भारतीय स्वशासन समिति' की स्थापना की। लन्दन में एक तीन मंजिला भवन बनवाया। नाम रखा 'भारतीय भवन'। इस भवन में भारतीय विद्यार्थियों, क्रान्तिकारियों के रहने, खाने व रुकने की व्यवस्था की। यह भवन क्रान्तिकारी विचारों व कार्यों का केन्द्र बन गया। श्याम जी वर्मा को भी फाँसी

का फन्दा चूमना पड़ा। नई खोजों के अनुसार अब कुछ ऐसे तथ्य सामने आए हैं जिनसे यह मालूम होता है कि श्याम जी कृष्ण वर्मा को धन की सहायता 1857 के क्रान्तिदूत नानासाहब पेशवा से मिलती थी। कहा तो यह जाता है कि नाना साहब 1858 में मर चुके थे। यह भी कहा जाता है कि वे नेपाल भाग गए थे और वहाँ लगभग 1907 तक जीवित रहे।

1910 से 1915 के बीच क्रान्तिकारी रासबिहारी बोस अंग्रेजों के लिए सदेह आतंक बन चुके थे। उनके दो सहयोगियों, अवध बिहारी लाल तथा मास्टर अमीरचन्द्र को फाँसी हो गई थी। रासबिहारी के सिर के लिए बारह हजार रुपए का पुरस्कार घोषित कर दिया गया। जब अंग्रेज जासूस उन्हें कुत्ते की तरह सूँघते फिर रहे थे, आप जापान पहुँच गए। वहीं से चीन के रास्ते भारत के क्रान्तिकारियों के लिए शस्त्र भेजते रहे। उन्होंने, 'इंडिपेंडेंट लीग ऑफ इंडिया' नामक संस्था की स्थापना की। आजाद-हिन्द फौज इसी संस्था का नया रूप था। आप जापान में आठ साल तक भूमिगत रहे। भूमिगत रहकर ही आपने किताबें लिखीं, पत्रकारिता की और भारत तथा जापान की क्रान्तिकारी गतिविधियों का संचालन भी किया।

विदेशों में भारत की आजादी के लिए जो कोशिशें की गईं, उनमें से दो के प्रयत्न बहुत ही सुसंगठित थे। पहला है गदर पार्टी, दूसरा है आजाद-हिन्द-फौज। आजाद-हिन्द-फौज के विषय में तो मैं बाद में बताऊँगा, यहाँ गदर पार्टी के विषय में थोड़ा बता रहा हूँ जो तुम लोगों को जरूर अच्छा लगेगा। अमेरिका के प्रशान्त तट पर एक दिन तीन भारतीय इकट्ठे हुए। लाला हरदयाल, पंडित काशीराम और डॉक्टर पांडुरंग सदाशिव खानखोजे। एक आश्चर्य तो देखो उन तीनों का जन्म भी एक ही दिन अर्थात् 14 अक्टूबर 1884 को हुआ था। एक का जन्म दिल्ली में, दूसरे का अम्बाला में और तीसरे का नागपुर में हुआ था। तीनों ने भारत की

लाला हरदयाल

आजादी के लिए कसमें खाईं। 'गदर पार्टी' की स्थापना के बाद ये ही तीनों सचिव, कोषाध्यक्ष व निदेशक बने। लाला हरदयाल छात्रवृत्ति पर इंग्लैंड पढ़ने गए थे। बंग-भंग के समय ये भारत लौट आए और युवकों का मार्गदर्शन करने लगे। बड़ी जल्दी वे युवकों के प्रिय नेता और अंग्रेजों की आँखों की किरकिरी बन गए। पकड़े जाने से पहले ही भागकर ये पेरिस जा पहुँचे। वहाँ इस बाबत पहले से ही काम हो रहा था। यहीं पर आपकी मुलाकात श्याम जी कृष्ण वर्मा, सरदार सिंह राजा तथा मैडम कामा से हुई। अनेक लोगों से मिलते-घूमते आप अमेरिका पहुँच गए। उत्तरी अमेरिका के पश्चिमी तट पर बड़ी संख्या में पंजाबी बस गए थे। उन्हें बिना कारण ही पग-पग पर अपमान सहना पड़ता था क्योंकि वे एक गुलाम देश के काले लोग थे। वहाँ ऐसा प्रयत्न हो रहा था कि इन भारतीयों को निकाल बाहर किया जाए। इस संकट से बचने के लिए यहाँ आ बसे भारतीयों को एक नेता की जरूरत थी—वह उन्हें लाला हरदयाल के रूप में मिल गया। लाला हरदयाल ने पहला काम किया 'गदर' नामक पत्रिका निकालने का। फिर सैनफ्रांसिको में 'युगान्तर आश्रम' की स्थापना की। वहाँ बसे भारतीयों से सम्पर्क बढ़ाकर उन्हें समझाया कि हमारी लड़ाई अमेरिकियों से नहीं अंग्रेजों से होनी चाहिए। बिना स्वतन्त्र हुए कहीं सम्मान नहीं मिलेगा। 'भारत चलो' का नारा दिया। इसी बीच प्रथम महायुद्ध छिड़ गया। गदर पार्टी ने अच्छा अवसर देखा। ''कामा-गाटा-मारू'' नामक जहाज पर सवार भारतीय भारत की तरफ चल पड़े। मगर अंग्रेजों ने इस विद्रोह को भी कुचल दिया। करीब 8000 प्रवासी भारत लौटे थे। जहाज पकड़ लिया गया। धरपकड़ हुई मगर बहुत सारे लोग आँख बचाकर पंजाब में घुस गए। बाद में इन्हीं लोगों ने अनेक आन्दोलन खड़े किए। लाला हरदयाल अमेरिका से अन्तर्धान हो गए। लगातार विदेशों में घूमते रहे। इनके बारे में मैं तुम्हें एक मजेदार बात बताता हूँ। भारत के सरहदी पड़ोसियों से मदद लेकर अंग्रेजों को बाहर निकाल देने की एक योजना बनाकर उसे एक कोट पर लिख डाला। यह कोट घूमता रहा जो अंग्रेजों के हाथ जा लगा।

गदर पार्टी की सबसे बड़ी देन है कि विदेशों में अंग्रेजों के अत्याचारी रूप को उजागर करना। दूसरी विशेषता इसका धर्मनिरपेक्ष रूप था। इसने धर्म, जाति, भाषा, क्षेत्र सभी बन्धन अस्वीकार कर सभी को एक लक्ष्य में बाँध दिया। इनके कुछ नेताओं का नाम सुनो जिनमें सभी जाति व धर्म के लोग

थे, जिन्होंने भारत में धर्मनिरपेक्ष राज्य की सौगन्ध खाई। **इनमें लाला** हरदयाल, रामचन्द्र, बरकतुल्ला, अजीतसिंह, करतार सिंह सवारा, चम्पक रमन पिल्लै के नाम प्रमुख हैं।

लाला हदयाल 1908 में भारत से विदा होने के बाद स्वदेश लौट नहीं सके। अकेले आपने जितने लड़ाकू देशप्रेमी पैदा किए उतने अन्य किसी ने नहीं। भारत लौटते हुए मार्ग में ही 1939 में उनकी मृत्यु हो गई।

पंजाब पर डायर की गोली

16 जून 1914 को छह वर्ष की लम्बी सजा काट, जब तिलक वापस लौटे तो देखा कि भारत का राजनैतिक युद्ध ही ठंडा पड़ा हुआ है। यद्यपि तिलक कांग्रेस से निकाल दिए गए थे, बिना मान-अपमान के उन्होंने फिर से कांग्रेस में प्रवेश किया और पुनः आन्दोलन की शुरुआत करते हुए यह ध्यान रखा कि न तो नरमपंथी ही चिढ़ें और न अंग्रेज ही कोई कठोर दमन-चक्र चलाएँ। श्रीमती एनीबेसेंट के साथ मिलकर जो आन्दोलन उन्होंने चलाया उसे 'होमरूल' के नाम से जाना जाता है। यह स्वशासन की माँग पर आधारित था। इसी समय सरकार ने तिलक पर कारण बताओ नोटिस जारी कर दिया। इस मुकदमे को मुहम्मद अली जिन्ना ने बड़ी खूबी से लड़ा और जीत गए। तिलक यह तथ्य समझ रहे थे कि भारत का वह वर्ग जो अपने को पिछड़ा या अल्पसंख्यक समझता है उसके मन में जमे डर को दूर करना होगा। इसीलिए दो बहुत महत्त्वपूर्ण बातें उन्होंने कहीं। सच पूछो तो उन्होंने भारत की अन्तरात्मा को छू लिया—"यदि भगवान भी छुआछूत को बरदाश्त न करे तो भगवान को भी नहीं मानूँगा।"

"स्वशासन का अधिकार केवल मुस्लिम समुदाय को दिया जाए, सबसे पिछड़े वर्ग को दिया जाए हमें कोई एतराज नहीं।" तीन वर्षों तक तिलक ने भारत का दौरा किया और उन गाँवों में भी गए जहाँ अभी तक कोई नेता नहीं पहुँचा था।

डॉ. एनीबेसेन्ट

प्रथम महायुद्ध के दौरान

भारतीयों ने अंग्रेजों की हर तरह से सहायता की। युद्ध के बाद अपने सारे वादे एक तरफ रखकर अंग्रेजों ने जनता को 'रौलेट-एक्ट' का काला कानून उपहार में दिया। जनवरी 1919 में यह कानून लागू हो गया। इस कानून के बल पर किसी भी व्यक्ति को बिना कारण बताए सन्देह के बल पर जेल भेजा जा सकता था। रौलेट-एक्ट का जमकर विरोध दिल्ली, बम्बई, मद्रास एवं संयुक्त प्रान्त में हुआ। मगर जो कांड पंजाब में घट गया उसकी कल्पना भी नहीं थी। कांग्रेस का अगला अधिवेशन अमृसर में होनेवाला था। मगर सर ओ डायर इस बात पर तुला था कि पंजाब को हर खतरे से दूर किया जाए। पंजाब के नेता डॉक्टर किचलू और डॉ. सत्यपाल को बन्दी बना लिया और गांधी जी को पंजाब की सीमा में प्रवेश करने से रोक दिया गया। यह 12 अप्रैल, 1912 का दिन था। सभाओं पर रोक लगा दी गई मगर इसका आम ऐलान नहीं किया गया।

13 अप्रैल का दिन आ पहुँचा। यह पंजाब में नए साल का पहला दिन माना जाता है। इस दिन पंजाबी 'बैसाखी' का त्योहार मनाते हैं। आज भी यह त्योहार पंजाब में बड़ी धूमधाम से मनाया जाता है। तब की बात तो कुछ और ही थी। उस दिन पंजाब के गाँव-गाँव से तमाम जनता अमृतसर में आ टिकी थी। सुबह-सुबह लोगों ने नदी में स्नान किया और हाट-बाजारों में मौज-मस्ती के लिए निकल पड़े। रौलेट एक्ट लागू हो चुका था मगर गाँव-गिराँव से आए मस्त पंजाबियों ने इसकी परवाह नहीं की। वो कोई दंगा-फसाद करने आए भी नहीं थे। अमृतसर में एक जगह थी जलियाँवाला बाग। त्योहारों के दिन यहाँ मेला-सा लग जाया करता था। उस मनहूस दिन भी वही हुआ। सारा बाग स्त्रियों, जवानों, बूढ़ों, बच्चों से भरा था। रंगीन दुपट्टों और पगड़ियों से वातावरण रंगीन हो उठा था। बच्चे खिलौने-मिठाइयों के लिए भाग-दौड़ कर रहे थे। शाम का समय था। बाग

के एक तरफ कुछ लोगों ने अहिंसात्मक आन्दोलन में अपना विश्वास जताने के लिए एक सभा का आयोजन कर लिया था। बाग के बाकी लोगों को न तो उस सभा की खबर थी न उससे कोई मतलब ही था।

अचानक ही लोगों पर गोलियों की बौछार होने लगी। हे भगवान ! यह हो क्या रहा है ? लोग कुछ समझ ही नहीं पाए। बाग की बनावट ऐसी है कि इसमें केवल एक ही द्वार है, बाकी तीन तरफ से घिरा था। लोग बन्द पिंजरे में असहाय पंछी की तरह मर-मरकर गिरने लगे। जनरल डायर ने चेतावनी दिए बिना ही फायर की आज्ञा दे दी। खिलखिलाता वातावरण आँसुओं में डूब गया। सारी रात घायलों को कोई पूछने तक नहीं पहुँचा। कितनी ही जानें तो एक बूँद पानी के लिए तरसती मर गईं।

डायर की वीरता यहीं खतम नहीं हुई। अपमान व पीड़ा से अमृतसर कई दिनों तक कराहता रहा। कई दिनों तक पंजाब की हालत बाहरवालों को पता ही नहीं चली। रेल, तार, डाक सब बन्द। राहगीरों को पकड़कर सड़कों पर रेंगने के लिए मजबूर किया गया। साइकिलें छीन ली गईं। सड़कों पर बेंत लगाने की टिकटी लगा दी गई। फौजी अदालत लगी और इक्यावन लोगों को फाँसी हो गई। हजारों की संख्या में बड़े-बूढ़े, औरतें, बच्चे मारे गए। जब कई दिनों तक इसकी खबर पंजाब के बाहर पहुँची तो लोग गूँगे से बन गए। लोगों को विश्वास नहीं आया कि ऐसा भी हो सकता है ? इतनी क्रूरता ? इसी कांड के विरोध में कवि रवीन्द्रनाथ ठाकुर ने अपनी 'सर' की उपाधि लौटा दी।

इस हत्याकांड से मैं व्यक्तिगत रूप से जुड़ा हूँ। इसने तो मेरा सारा जीवन ही बदल दिया। तुमको मैं बता चुका हूँ कि मेरे पिताजी, दादा जी कभी बंगाल जा पहुँचे थे दूध का धन्धा करने। मेरे पिताजी इन्हीं के साथ रहकर थोड़ा पढ़-लिख गए और दूध के धन्धे के साथ समाचार-पत्र बेचने-बाँटने का काम शुरू कर दिया। इसी से वे प्रेसवालों के सम्पर्क में आ गए और फिर राष्ट्रीय आन्दोलन के लिए अदना सिपाही बन गए। मैं आठ अप्रैल को पिताजी के एक मित्र रहमत भाई के पास प्रेस का कुछ काम लेकर अमृतसर गया था। उन्होंने मुझे बैसाखी तक रोक लिया। भाभी जान अपनी बच्ची को लेकर मेला देखने गई। फिर लौटकर नहीं आईं। मैं और रहमत चाचा अमृतसर की गलियों में बेहाल पागलों से घूमते फिरे। अमृतसर की सड़कों पर मैं पेट के

उधमसिंह

बल रेंगा हूँ। रहमत चाचा की दाढ़ी को धूल, आँसुओं से लिपटते देखा है। बेंत की टिकटियों पर लटककर बेंत भी खाई हैं। कई दिनों बाद रहमत चाचा बिना माँ की उस बच्ची को लेकर कलकत्ता लौट आए।

मेरे दिल में आग-सी जलती रही। चोट तो मैं जल्दी ही भूल गया मगर अपमान ! आज मैं तुम लोगों से बताता हूँ कि जिस बात की हसरत बराबर मेरे दिल में रही वह पूरी की सरदार उधमसिंह उर्फ राम मोहम्मद सिंह 'आजाद' ने। जिस दिन जालियाँवाला बाग में हत्याकांड हुआ उधमसिंह बाग में ही थे और पानी-पानी चिल्लाते घायलों को पानी पिलाते रहे। उन्होंने मन में ठाना कि इस हत्याकांड के लिए जिम्मेदार पंजाब के तत्कालीन गवर्नर माईकेल ओ डायर को मारना है। माईकेल ओ डायर ने ही गोली चलाने का आदेश दिया था। उधम सिंह पढ़ाई के बहाने इंग्लैंड जा पहुँचे। 13 मार्च, 1940 को उधमसिंह ने डायर पर गोलियाँ दाग दीं। मुकदमे के बीच बयान देते हुए उन्होंने कबूल किया कि मैंने जलियाँवाला बाग के हत्याकांड का बदला लिया है। इतने दिनों बाद उसने प्रतिशोध लिया। प्रतिशोध की आग निरन्तर इक्कीस वर्षों तक उसके दिल में जलती रही। 12 जून, 1940 को इस वीर पुत्र ने इंग्लैंड की भूमि पर हँसते-हँसते फाँसी का फन्दा चूम लिया।

अब आज और नहीं लिख पाऊँगा, प्रकाश। जालियाँवाला बाग कांड मेरे जीवन में ऐसी चोट है जो स्मृतियों की हलकी पुरवाइयों से ही पिराने लगती है।

बापू आए

जिन दिनों भारत में अपनी स्वतन्त्रता के लिए आन्दोलनों की तैयारी हो रही थी उन्हीं दिनों भारत से एक सर्वथा, भोला, सच्चा युवक अफ्रीका जा पहुँचा था—अपनी रोजी-रोटी कमाने क़े लिए। नाम था मोहनदास करमचन्द गांधी। अनुभवहीन और सरल होने के साथ ही इस युवक में आत्मसम्मान व दृढ़ता कूट-कूटकर भरी थी। कितनी अजीब बात है कि भारत की आजादी के संघर्ष को अन्तिम सोपान तक खींच ले जानेवाले गांधी को तब विरोध पत्र तक लिखना नहीं आता था। वहीं उन्हें यह मालूम हो सका कि गुलाम देश का बाशिन्दा होना क्या माने रखता है। गए तो थे वे कुछ-एक सालों के लिए लेकिन रह गए बीसियों वर्ष। प्रवासी भारतीयों की तरह से अंग्रेजों से, इनके संघर्ष की कथा कम रोमांचक नहीं है। अपने इसी संघर्ष के बीच भारतीय जन नेताओं की सहानुभूति प्राप्त करने ये दो-एक बार भारत भी आए और विशेषतः गोखले से प्रभावित हुए। गोखले ने तभी इनमें भावी भारतीय

दांडी यात्रा

राजेन्द्र प्रसाद

जननायक के रूप को पहचान लिया था।

दक्षिण अफ्रीका के सफल अभियान के बाद मोहनदास करमचन्द गांधी, जिन्हें हम बापू के नाम से जानते हैं, 1915 में भारत लौट आए, परन्तु सक्रिय राजनीति में उन्होंने 1919 के बाद ही भाग लिया। प्रश्न यह है कि इन चार वर्षों में वे यहाँ करते क्या रहे ? प्रयोग !! हाँ भारतीय राजनीति और जनता को समझने के लिए उन्होंने तीन आन्दोलनों को अपने हाथ में लिया और सफल हुए। चम्पारण (बिहार), खेड़ा और अहमदाबाद (गुजरात) के किसान-मजदूर आन्दोलनों की अगुआई की और जीते। इन आन्दोलनों में उन्होंने जो तरीक़ा इस्तेमाल किया वह अंग्रेजों के लिए अनजान था। जब उन्हें चम्पारण छोड़ देने के लिए कहा गया तो उनका जवाब था—"मैं आपके आदेश की अवज्ञा करता हूँ। इसके लिए जो भी दंड मुझे दिया जाएगा मैं चुपचाप भोगूँगा।" अंग्रेजों के लिए यह भाषा ही नई थी। वे भौंचक्के रह गए। इन्हीं आन्दोलनों के बीच उन्हें कुछ ऐसे अनुयायी मिले जो जीवन भर उनके साथ जुड़े रहे—ब्रजकिशोर पारेख, राजेन्द्र प्रसाद, महादेव देसाई, कृपलानी, वल्लभभाई पटेल, अम्बालाल साराभाई आदि।

यह सब उनके व्यक्तित्व का कमाल था। जो भी उनसे मिल लेता उनके आकर्षण से बँध जाता। गांधी जी के व्यक्तित्व का चित्रण लार्ड माउंटबेटन के शब्दों में सुनो—"वे बहुत छोटे-से हलके-फुलके आदमी थे। उनका कद मुश्किल से पाँच फुट था और वजन 114 पौंड। प्रकृति ने गांधी को शायद जान-बूझकर कुरूप बनाया था। बेडौल कान और ओठों पर झुक आई चिपटी नाक। पर वे एक विचित्र, यूँ कहो अद्वितीय सौन्दर्य के धनी थे। उनका चेहरा एक साफ बेदाग आईना था जिस पर उनकी बदलती हुई भावनाओं की आकृतियाँ जल्दी-जल्दी स्पष्ट होती हुई देखी जा सकती थीं। सबसे बड़ी बात थी उनके चेहरे पर खेलती बच्चोंवाली निश्छल मुस्कान। यही कारण है उन पर चोट करने आया हुआ व्यक्ति विमूढ़-सा हो जाता था।" उनके व्यक्तित्व

का यह चित्रण बहुत ही सटीक है।

उन्होंने जब भारत में राजनीति की बागडोर सँभाली तब वे पचास वर्ष के अनुभवी प्रौढ़ थे। गांधी से पहले भारत में जो भी संघर्ष हुआ वह गाँवों की चौखट से बाहर ही रहा। अब तक भारतमाता ग्रामवासिनी तक किसी की पहुँच नहीं हो सकी थी, इसके विपरीत गांधी जी ने भारत में अपना सार्वजनिक जीवन चम्पारण के असहाय किसानों के नेतृत्व से शुरू किया। उन्हें यह बात अच्छी तरह मालूम थी कि आजादी की वास्तविक लड़ाई साधारण जनता की हिस्सेदारी से ही जीती जा सकती है। उन्होंने अपने जीवन को भी इस प्रकार ढाला कि वे किसी के लिए अबूझ नहीं रहे। उनका पहनावा, खान-पान और भाषा उन्हें सहज ही भारत की सामान्य जनता का अंग बना देती थी।

विश्वयुद्ध में मरने-खपने के बाद भी भारतीयों को कुछ नहीं मिला, मिली महँगाई। अंग्रेज अपने वादों से मुकर रहे थे। जालियाँवाला बाग कांड यह सिद्ध कर चुका था कि विदेशी शासन किस हद तक क्रूर हो सकता है। 22 जून 1920 को महात्मा गांधी ने वायसराय को एक नोटिस दिया—"भ्रष्ट शासक को सहयोग देने से इंकार करने का अधिकार हर आदमी को है।" यह असहयोग का पहला शंखनाद था। मगर तब अंग्रेज इस भाषा को नहीं समझ पाए।

पहली अगस्त 1920 को भोर में भारत के महान नेता तिलक का निधन हो गया। तिलक के निधन के शोक ने आन्दोलन के लिए नई प्रेरणा का काम किया। तिलक के साथ ही कांग्रेस का एक युग बीत गया और गांधी जी के साथ एक नई कांग्रेस का उदय हुआ। मृदु स्वभाव, मोहक हँसी और चुम्बकीय व्यक्तित्ववाले गांधी जी अपनी पूरी ऊर्जा के साथ भारतीय राजनीति पर छा गए।

1919 में ही आपने असहयोग का नारा दे दिया था और लोगों के सामने स्वराज्य की परिभाषा इतने सरल शब्दों में रखी जिसे भारत का अँगूठा छाप भी भली प्रकार समझ सकता था। वह परिभाषा थी—"एक ऐसा राज्य जिसे भारतीय बिना अंग्रेजों की उपस्थिति के कायम कर सकें।" अंग्रेजों की वादाखिलाफी, पंजाब में हत्याकांड तथा स्वतन्त्रता की माँग को लेकर उठाया हुआ असहयोग इतना शक्तिशाली था कि आज तुम उसकी कल्पना भी नहीं

कर सकते। लोगों ने सरकारी पदवियाँ लौटा दीं। विधानसभाएँ और अदालतों से नाता तोड़ लिया। सरकारी दफ्तरों, स्कूल-कॉलेजों का बहिष्कार किया। मैं तो उन दिनों जवान पट्ठा था। असहयोग आन्दोलन में कूद पड़ा। गांधी जी और कृष्ण में कहीं किसी प्रकार की समानता तो नहीं है फिर भी उनकी पुकार को लोगों ने कृष्ण-बाँसुरी की तरह ही सुना। क्या पढ़े-लिखे, क्या अनपढ़, क्या शहरी और क्या ग्रामवासी सभी उनके साथ एक नए प्रकार की जंग में कूद पड़े। समाज में कई स्तर के लोग होते हैं। इस बात को समझकर गांधी जी ने सभी को अपनी-अपनी रुचि के अनुसार देश की भलाई के लिए किसी-न-किसी काम में लग जाने का अवसर प्रदान किया। राजनैतिक आन्दोलन के साथ ही खादी प्रचार, मद्य निषेध, छुआछूत निवारण, स्त्री शिक्षा जैसे काम के लिए भी लोगों को प्रेरित किया, उनका मार्गदर्शन किया, अवसर आ पड़ने पर खुद काम भी किया।

मैं यहाँ केवल उनके एक कार्यक्रम के विषय में बताऊँगा। वह है खादी प्रचार। अपने चम्पारण अभियान में वे गाँव की हालत देख चुके थे। उन्होंने

चरखे पर सूत कातते हुए गांधी जी

यह समझ लिया कि इस जनता को सुधारने के लिए उपदेशों की जरूरत नहीं है, जरूरत है हम खुद उसकी तरह ढल जाएँ। आखिर उन्हें साफ रहने को कैसे कहें। गरीब 'क्या पहने क्या निचोड़े'। इसीलिए उन्होंने अपने शरीर से अनावश्यक वस्त्रों को उतार दिया। खादी प्रचार का अभियान खूब चला। मोतीलाल नेहरू ने, जो उन दिनों भारत के समृद्धतम व्यक्तियों में से एक थे, खादी का गट्ठर खुद पीठ पर उठाकर गाँव की धूल भरी पगडंडियों को नापा। सदियों से गाँववालों को किसी ने पूछा ही नहीं था। यह पहला अवसर था जब बाहरवाले लोग उनके पास गए और वह भी लगान या कर वसूली के लिए नहीं, नंगा तन ढँक लेने की तरकीब बताने। माँ जैसे अपने धूल-धूसरित बच्चे को बिना हिचक आँचल में छिपा लेती है वैसे ही धूल-धूसरित कांग्रेसी कार्यकर्ताओं को ग्रामीण समाज ने अपनी बाहुओं में समेट लिया।

गांधी जी की सफलता का सबसे बड़ा रहस्य था उनका बड़े पैमाने पर जनता से सम्पर्क करना। इस आन्दोलन के बीच उन्होंने बड़े पैमाने पर भारत की यात्रा की। आम जनता ने गांधी जी के प्रति विश्वास जाहिर करने का एक बड़ा ही सुन्दर तरीका ढूँढ़ निकाला। गांधी जी जिस भी स्टेशन पर पहुँचते वहाँ विदेशी कपड़ों की होली जलाई जाती। गांधी जी के साथ सवार लोग स्टेशन से दूर जाती गाड़ी की खिड़कियों से स्टेशन पर जलते कपड़ों की ज्वाला देखते आगे बढ़ जाते। 1921 तक आते-आते इस अहिंसात्मक आन्दोलनकारियों की धरपकड़ में 50 हजार लोग बन्दी बना लिए गए। सभी बड़े नेता पहले से ही जेल में थे मगर गांधी जी पर हाथ धरने की हिम्मत सरकार जुटा नहीं पा रही थी। तभी गोरखपुर के चौरीचौरा पुलिस थाने को क्रुद्ध भीड़ ने जला डाला जिसमें कुछ सिपाही भी मारे गए। इस समाचार को सुनते ही गांधी जी ने अपना आन्दोलन वापस ले लिया।

अंग्रेजों ने राहत की साँस ली। मगर आन्दोलन की वापसी से अन्य भारतीय नेता बहुत नाराज हुए। यह ठीक वैसा ही था जैसे तेज रफ्तार से भागते कदमों को ठोकर लग जाए और आदमी अपने को सँभाल न सके। सही बात तो यह है कि यह आन्दोलन धीरे-धीरे धीमा पड़ता जा रहा था। मैं तो स्वयं प्रत्यक्षदर्शी हूँ। एक साल के कठिन आन्दोलन से जनता थक चुकी थी। विद्यार्थी अब स्कूल जाना चाहते थे। वकील कोर्ट को लौटने लगे थे।

व्यापारी अपने बन्द पड़े स्टाल के लिए परेशान थे। इधर लगानबन्दी के कारण जमींदार और किसान आपसी संघर्ष के बिन्दु पर आ खड़े हुए थे। सभाओं में भीड़ कम होने लगी थी। आन्दोलन तो वैसे ही कमजोर हो रहा था। आखिर हर क्रिया में वह बिन्दु आता ही है जहाँ से ह्रास का क्रम चालू हो जाता है। गांधी जी ने इसे पहचाना और जनता की भद्द पिटने से पहले ही एक आदर्श सामने रख आन्दोलन वापस ले लिया।

इस आन्दोलन ने कांग्रेस पर लगे इस आरोप को पोंछ डाला कि यह मुट्ठी भर लोगों की संस्था है। कांग्रेस अब जनता की पार्टी बन गई थी। हिन्दू-मुस्लिम एकता ने आन्दोलन को सच्चे रूप में राष्ट्रवादी बना दिया। आन्दोलन को वापस लेने के बाद गांधी जी गिरफ्तार हो गए।

अपने संघर्षमय जीवनकाल में गांधी जी ने एक सफल प्रयोग किया—जनता जब मारपीट से थकने को आती, उन्हें रचनात्मक कार्यों की ओर मोड़ देते। मनोविज्ञान की बड़ी गहरी समझ थी उन्हें। सभी लोग भाग-दौड़, हो-हल्ला वाला काम नहीं कर सकते। कुछ लोग भीड़भाड़ से दूर, मान-सम्मान से दूर, रचनात्मक कार्यों के लिए बने होते हैं। ऐसे ही लोगों के हाथ में निम्न कार्यक्रम प्रस्तुत करते हुए सामान्य जनता का नेतृत्व गांधी जी ने सौंप दिया—

(1) कांग्रेस की सदस्यता अभियान,
(2) चरखा तथा करघा प्रचार,
(3) अछूतोद्धार,
(4) राष्ट्रीय शिक्षण संस्थाओं की स्थापना,
(5) ग्राम पंचायतों की स्थापना, एवं
(6) मद्य निषेध

कांग्रेस ने इन कार्यक्रमों को स्वीकार कर काम शुरू कर दिया। समाज के हर वर्ग को कुछ-न-कुछ काम मिल गया। इन सब में सबसे महत्त्वपूर्ण है अछूतोद्धार। आखिर वह कौन-सा दृष्टिकोण है जो इंसान को अछूत बना देता है ? 1920 से लेकर 1925 के बीच धार्मिक मुद्दों को लेकर अपने ही समाज के दो वर्गों—सवर्ण व अछूत के बीच कठिन संघर्ष हुए। यह विशेषतः दो जगहों पर हुए, पंजाब और केरल। पंजाब में लोग अपने गुरुद्वारों को भ्रष्ट अनैतिक महन्तों के गन्दे हाथों से छुड़ाना चाहते थे। केरल में लोग नम्बूदरीपादों के एकाधिकार से मन्दिरों को मुक्त कराना चाहते थे। केरल की

एझवा और पुलैया दो ऐसी अछूत जातियाँ हैं जिन्हें तब आम सड़कों पर चलने का हक तक नहीं था। सवर्ण उनकी छाया तक से दूर रहते थे। दोनों ही प्रान्तों में सत्याग्रहियों के जत्थे पहुँच गए। इस लड़ाई में 30 हजार लोग गिरफ्तार हुए और 400 लोग मारे गए। पंजाब ने तो अपनी लड़ाई जीत ली मगर केरल में अछूतों का मन्दिर में प्रवेश नहीं हो सका। 1936-38 में ही मन्दिर के कपाट अछूतों के लिए खुल सके। देखो ! किसी दूसरे से लड़ने की जगह खुद अपनों से लड़ना ज्यादा कठिन होता है।

तुम लोगों ने यह तो नहीं समझ लिया कि इस समय राजनैतिक आन्दोलन बिलकुल ही बन्द हो गया ? नहीं, ऐसा नहीं है। हाँ ! लड़ाई का ढंग थोड़ा बदल गया। मोतीलाल नेहरू तथा चित्तरंजन दास ने धारा सभाओं में प्रवेश किया। इन्होंने एक नई पार्टी बनाई—'स्वराज्य दल'। 1923 के चुनाव में भाग लेकर कुछ प्रान्तों में बहुमत प्राप्त किया। यह दल धारा सभाओं में जा बैठा। तीन वर्षों के बीच इन्होंने देशहित से सम्बन्धित कई प्रस्ताव रखे, उनमें से कुछ अस्वीकार भी किए गए। 1925 में चित्तरंजन दास की मृत्यु के साथ ही स्वराज्य दल बिखर गया। 1927 तक आते-आते दल पूरी तरह अशक्त हो गया और नेतृत्व की डोर फिर गांधी जी के हाथों में आ गई।

पिछले पाँच-छह सालों तक गांधी जी राजनैतिक आकाश से गायब रहे। परन्तु वे दिन-प्रतिदिन लोकप्रिय होते गए। सच तो यह है कि इन दिनों गांधी जी भारत के सबसे निचले स्तर की जनता के मन को छू लेने, उन्हें मुग्ध कर लेने के कार्य में लगे रहे। मेरे विचार से ये छह वर्ष उन्होंने उच्च वर्ग के हृदय परिवर्तन और निम्न वर्ग के स्वाभिमान व साहस को तैयार करने में बिताए। इन्हीं दिनों स्त्री शिक्षा के विषय में भी लिखा और स्त्री सत्याग्रहियों को तैयार भी किया। सरोजनी नायडू, मीराबेन, अमृत कौर तथा अन्य अनेक महिलाएँ नेतृत्व की अगली पंक्ति में जा खड़ी हुईं। इसी समय सामान्य घरों की स्त्रियाँ घरों से निकल पड़ीं। शराब की दुकानों पर धरने दिए,

सरोजनी नायडू

मीराबेन

खादी बेची, भंगी बस्तियों की सफाई की और स्त्रियों के लिए स्कूल खोले। गांधी जी का दृढ़ मत था कि बिना स्त्रियों के सहयोग से हम यह लड़ाई नहीं जीत सकते। आगे आनेवाले संघर्षों में स्त्रियों ने बराबरी की भागीदारी की।

शासन-विधान की जाँच के लिए कमीशन इंग्लैंड से आनेवाला था, जो बम्बई में 3 फरवरी, 1928 को उतरा। कांग्रेस ने इस कमीशन के बहिष्कार का नारा दिया। यह बात भी जरा सोचने की थी कि अत्याचारी भला अपने अत्याचार का क्या लेखा-जोखा करेगा। यह एक अजीब नाटक था। खैर, इस कमीशन का स्वागत हमने अपने ढंग से किया। 'साइमन लौट जाओ' का नारा पूरे देश में गूँज उठा। जहाँ-जहाँ यह कमीशन गया साधारण जनता ने अपनी कल्पना शक्ति से नए-नए ढंगों द्वारा इसका विरोध किया। मैं तुम्हें लखनऊ की बात बताता हूँ। लखनऊ अपनी नफ़ासत और नजाकत के लिए मशहूर है। शायरों की नगरी की कल्पना शक्ति का एक नमूना देख अंग्रेज हैरान रह गए। लाठीचार्ज के भय से सूनी पड़ी सड़कों पर अब कमीशन को कोई भय नहीं था। परन्तु जैसे ही कमीशन की गाड़ियाँ नगर की मुख्य सड़कों पर आईं आकाश तरह-तरह की पतंगों से भर गया। बड़ी-बड़ी पतंगों पर लिखा था "साइमन गो बैक", "साइमन वापस जाओ"। इस बात की तो शासन ने कल्पना तक न की थी। अब आकाश में उड़ती पतंगों की डोर को खोज निकालना, भूसे में सूई को खोजने जैसा था। अंग्रेज बहुत खिसियाए। लखनऊ की कल्पनाशील जनता ने आकाश मार्ग से अपना विरोध प्रकट किया। लम्बी पूँछोंवाली पतंगें आकाश पर पेंच पर पेंच लिए मँडरा रही थीं नीचे शासन पेंच खा रहा था, अजब नजारा था। लखनऊ के निठल्ले पतंगबाजों ने अपने जीवन का सबसे सुन्दर प्रदर्शन किया।

प्रदर्शनकारियों का नेतृत्व करते हुए लाला लाजपतराय को लाठीचार्ज में चोटें आईं। वे फिर उठ नहीं सके और 17 नवम्बर को उनकी मृत्यु हो गई। लाजपतराय की मृत्यु ने युवा जनता को बहुत उत्तेजित किया। कुछ युवकों ने

साइमन कमीशन का विरोध प्रदर्शन करते हुए लाला लाजपत राय तथा अन्य

इसका बदला लेने का प्रण किया। यह प्रसंग बाद में आएगा। मजेदार बात यह है कि प्रशासन गाँवों से जनता को ट्रकों में भरकर लाता कि वे सड़कों के किनारे खड़ी रहकर कमीशन का स्वागत करें मगर होता यह था कि शहर में आते ही ये लोग प्रदर्शनकारियों से जा मिलते।

आन्दोलन में नमक का स्वाद

गांधी जी कुछ वर्षों तक राजनैतिक आन्दोलन से दूर रहे। इस बीच कांग्रेस में दो युवा नेता उभरकर सामने आ गए। जवाहरलाल नेहरू और सुभाषचन्द्र बोस। दोनों का व्यक्तित्व एक-दूसरे से बीस था। दोनों युवा जोश से भरे हुए थे। दोनों ही नेता भारत की पूर्ण स्वतन्त्रता के लिए बेहद उतावले हो रहे थे। महात्मा गांधी ने जब दुबारा कांग्रेस में प्रवेश किया तो उनके शान्त मृदु व्यक्तित्व का पाला इन्हीं जोशीले युवा व्यक्तित्वों से पड़ा। युवा नेतृत्व तो इतना उतावला हो रहा था कि एक दिन रुकना भी उन्हें गवारा नहीं था मगर गांधी जी ने एक दूसरे ढंग से काम शुरू किया। 1928 के कांग्रेस अधिवेशन में सरकार को एक साल का मौका दिया गया। कहा गया कि सरकार यदि 31 दिसम्बर, 1929 तक भारत को स्वतन्त्र नहीं करती तो कांग्रेस अपना नया आन्दोलन शुरू करेगी। सरकार पर इस चेतावनी का कोई असर नहीं हुआ। देखते ही देखते एक वर्ष बीत गया। लाहौर में 31 दिसम्बर 1929 के 12 बजे रात के बाद कांग्रेस ने पूर्ण स्वतन्त्रता का प्रस्ताव पास कर दिया।

रहमत चाचा के साथ मैं पंजाब गया था। वे अपना छोटा-सा मकान बेच सदा के लिए हमारे पास आना चाहते थे। मैं सौभाग्यशाली हूँ कि उस दिन मैं लाहौर में था। उस अधिवेशन में फैली उत्तेजना व उत्साह का बयान मैं किन शब्दों में करूँ ? कुछ दिनों पहले ही मेरठ व लाहौर में सशस्त्र षड्यन्त्र हो चुका था। लोगों में जोश उबला पड़ रहा था। जवाँ दिलों में जवाँ नेता जवाहरलाल नेहरू, सुभाषचन्द्र बोस का चित्र आज भी मैं भूला नहीं हूँ। दोनों का आपस में बातचीत करना और ठहाके मारकर हँसना ! क्या तुम लोग कल्पना भी कर सकते हो कि तुम्हारे नेहरू चाचा तो इतने मस्ताए कि गले में टीन लटका उसे डंडे से पीटते हुए जलूस की अगुआई करते भोर तक लाहौर की सड़कों पर चलते रहे। नारों के साथ उछलकर आकाश छू लेने की

शक्ति दर्शाती सुभाष की मुट्ठियाँ !! पीछे-पीछे नारे लगाती, गीत गाती, भारत माता की जय बोलती उमगती जनता का समुद्र। मैं सौभाग्यशाली हूँ कि मैंने वह सब देखा।

26 जनवरी, 1930 को पहली बार पूरे देश में स्वतन्त्रता दिवस मनाया गया। गांधी जी ने एक बार पुनः ब्रिटिश सरकार को एक अवसर दिया। उन्होंने सरकार के सामने ग्यारह शर्तें रखीं। इसमें एक छोटी-सी माँग थी—नमक कर उठा लिया जाए। सरकार इन छोटी-छोटी बातों पर क्या सोचती। हाथी चींटी के बारे में तब तक नहीं सोचता है जब तक वह उसकी नाक में घुस नहीं जाती। गांधी जी ने ऐलान कर दिया कि अब आन्दोलन के सिवा कोई चारा नहीं है। गांधी जी में नाटकीय बुद्धि जबरदस्त थी। जब उन्होंने बड़े-बड़े मुद्दे छोड़कर नमक-सत्याग्रह का ऐलान किया तो देश-विदेश के लोग भौंचक्के रह गए। तलवार लेकर मारने-काटने के दिन जैसे कोई सूई लेकर खड़ा हो जाए। अंग्रेजों ने इनकी खूब खिल्ली उड़ाई। भारतीय नेता भी हँसे। मगर गांधी जी को अपनी सफलता पर जरा भी शक नहीं था। 12 मार्च, 1930 को अपने चुने हुए 79 सहयोगियों के साथ साबरमती आश्रम से दांडी यात्रा के लिए कूच कर दिया। अपनी यह यात्रा उन्होंने 24 दिनों में पूरी की। इस बीच अनेक पड़ाव डाले। जहाँ भी रुके वहाँ सभाएँ कीं, लोगों

नमक आंदोलन

से मिले और बातचीत की। 4 अप्रैल को वे दांडी पहुँचे, तब उनके साथ जबरदस्त भीड़ थी। अगले दिन कानून तोड़कर उन्होंने समुद्र जल से नमक बनाया। छह अप्रैल को नमक बनाने का अधिकार जनता को सौंप दिया। नमक सत्याग्रह की सफलता देख सरकार के कान खड़े हो गए और दमन चालू हो गया। कानून तोड़ने के लिए आन्दोलनकारियों का जत्था आगे बढ़ता, तब तक बढ़ता जब तक पुलिस की लाठी से नीचे गिर नहीं पड़ता। घायल साथी को उपचार के लिए अन्य कार्यकर्ता उठा ले जाते। उनकी जगह लेने दूसरा दल आ पहुँचता। आन्दोलन पूरी तरह अहिंसात्मक था। वहाँ देश-विदेश के पत्रकार आ जुटे थे। विदेशों में यह बात गूँजने लगी कि भारत में ब्रिटिश सरकार निहत्थी जनता को लहूलुहान कर रही है। ब्रिटिश सरकार भी हैरान थी कि आखिर कितनी लाठियाँ बरसाएँ। आन्दोलनकारियों का दल तो हनुमान की पूँछ-सा बढ़ता ही जा रहा था। लोग लाठियाँ खाने को उतावले थे।

गांधी जी का ऐसा विचार था कि सरकार उन्हें तुरन्त गिरफ्तार कर लेगी। मगर ऐसा नहीं हुआ। गांधी को छूने की हिम्मत भी सरकार जुटा नहीं पा रही थी। मगर गिरफ्तार होने में ही इस आन्दोलन की सफलता थी। अब गांधी जी ने दूसरा रास्ता अख्तियार किया। उन्होंने ऐलान किया कि हवा व पानी के समान नमक पर भी सभी का अधिकार है। इसे इकट्ठा कर कहीं बन्द नहीं रखा जा सकता। सरकार ने ऐसा किया है तो हम नमक गोदामों पर धावा बोलेंगे। वह हमारा है। धरसना के सरकारी गोदाम पर धावा तय हुआ। अब सरकार की दशा साँप-छछूँदर की हो गई। यदि वो गांधी जी को गिरफ्तार नहीं करती और गोदाम पर हिंसा भड़क उठती है तो सारी जिम्मेदारी उसी की होगी। गिरफ्तारी करती है तो आन्दोलन और जोर पकड़ेगा। खैर 5 मई, को 1 बजकर 10 मिनट पर गांधी जी गिरफ्तार कर लिए गए। गांधी जी की गिरफ्तारी ने देश में आग लगा दी। अहिंसात्मक आन्दोलन का हर रूप अपनी पूरी ताकत से हरकत में आ गया। धरने, हड़तालें, विदेशी कपड़ों की होली, टैक्स लगान बन्द, विदेशी संस्थाओं का बहिष्कार। बैंक, बीमा कम्पनियाँ यहाँ तक कि जहाज, सब ठप्प हो गया। कर्नाटक के शन्नीकट्टा गोदाम पर एक साथ पन्द्रह हजार लोगों ने धावा बोलकर सब नमक लूट लिया। लोगों ने अपनी गांधी टोपियों में नमक भर

लिया। कमीज की जेबें और जवाहर जाकेट की जेबें नमक से भर गईं। जब लोग नमक लेकर घर पहुँचे उन्हें देखने के लिए गली-मुहल्ले के लोग इकट्ठे हो जाते। बड़े गर्व से वही नमक दाल सब्जी में डाला गया।

पिताजी के एक मित्र ने उनके लिए भी लूट का नमक एक शीशी में भेजा था। दादी ने उसे बड़े सँभालकर रखा। कहती "यह गांधी का नमक है।" बच्चे के पेट में दर्द हो तो खिला दो अच्छा हो जाता है। वह शीशी तो अब भी कहीं मेरी पुरानी पेटी में पड़ी होगी।

आन्दोलन जितने उत्साह, वीरता और साहस से आगे बढ़ा उसका दमन भी उतनी ही क्रूरता व कुटिलता से किया गया। बस एक उदाहरण दे रहा हूँ। तुम सबने अब्दुल गफ्फार खाँ का नाम सुना होगा। वे पुराने जनसेवक थे।

सीमान्त गांधी खान अब्दुल गफ्फार खाँ और महात्मा गांधी

उन्हें सीमान्त गांधी के नाम से जाना जाने लगा। गांधी जी और सीमान्त गांधी की जोड़ी भी क्या खूब थी। ऊँचे पूरे, भारी डील डौल, झक्क गोरे अब्दुल गफ्फार और दुबले-पतले साँवले कोमल व्यक्तित्व वाले गांधी जी। बाहर से भिन्न होते हुए भी शायद दोनों के दिल ईश्वर ने एक ही मिट्टी से बनाए थे। सबसे ज्यादा दमन पठानों का हुआ। अहिंसा पर डटे पठानों को इतना उकसाया गया कि वे मार-काट पर उतर आएँ मगर गफ्फार का नेतृत्व भी पुख्ता था। वहाँ बड़े पैमाने पर गिरफ्तारियाँ हुईं और जबरदस्ती माफ़ीनामे पर उनके अँगूठे के निशान लगवाने की कोशिश हुई। जानते हो उन्होंने क्या किया ? अनेक पठानों ने अपने अँगूठे काटकर फेंक दिए। लो ! न रहेगा बाँस न बजेगी बाँसुरी। एकलव्य की याद आती है। एक साथ इतने एकलव्यों को

किस शक्ति ने पैदा किया ? पेशावर की घटनाएँ खुद में वीर गाथाएँ हैं।

इसी प्रकार इन्हीं दिनों चन्दन सिंह नामक गढ़वाली सैनिक के नेतृत्व में गढ़वाली जवानों ने अपने ही भाई-बन्धुओं पर गोली चलाने से इंकार कर दिया। उन्हें क्या सजा मिली होगी इसका तो बखूबी तुम अन्दाज लगा सकते हो।

1930 के आते-आते यह आन्दोलन अपने चरमोत्कर्ष पर पहुँच गया। विलायत के कपड़ा मिलों में उल्लू बोलने लगे। चतुर अंग्रेजों ने इसी समय गांधी जी के सामने एक समझौते का प्रस्ताव रखा। और समझौता हो गया। इसे हम 'गांधी-इरविन' समझौते के नाम से जानते हैं। इस समझौते से देश का युवा वर्ग बहुत नाराज हुआ, यहाँ तक कि गांधी जी को काले झंडे दिखाए गए। समझौते के कुछ ही महीनों बाद अब्दुल गफ्फार खाँ को गिरफ्तार कर सरकार ने समझौता तोड़ दिया। एक-एक कर सभी नेता जेलों में बन्द हो गए। एक से एक दमनकारी कूनन बनाए व लागू किए। इन तीन सालों में एक लाख बीस हजार गिरफ्तारियाँ हुईं। यातना और मार-पीट की तो सीमा ही नहीं। इससे तो लोग मर जाना बेहतर समझते थे।

कांग्रेस सुस्त पड़ गई तो मोर्चा क्रान्तिकारियों ने सँभाल लिया।

सोचता हूँ इस जन्म में मैं क्या सरहदी गांधी से मिल पाऊँगा। उनका निवास और मेरी औकात...असम्भव ही है। तुम लोग शायद अपने दादा की इस बेवकूफी भरे अरमान पर हँसोगे, है न ? अच्छा अब अगले हफ्ते।

कायरता से हिंसा अच्छी

प्रारम्भ से ही कांग्रेस के सुधार, सुविधा, आवेदन, प्रतिवेदन, धरना, हड़ताल, असहयोग, अवज्ञा के साथ ही साथ देश में बराबर क्रान्तिकारी आन्दोलन भी चलता रहा। कभी कम तो कभी ज्यादा। इसके संचालक नेता अतुलनीय साहस, त्याग और बुद्धि के धनी थे। इन शहीदों की संख्या भी कम नहीं है और न जाने कितने तो बेनाम ही शहीद हो गए।

यह सब गांधी जी के अहिंसात्मक आन्दोलन के साथ भी चलता रहा। हाँ, इसे वह जनसमर्थन नहीं मिला। इसका कारण भी है। जान को हथेली पर लेकर चलनेवालों की प्रशंसा करते हुए सामान्य जनता श्रद्धा से नत हो सकती है, गर्व से छाती भी फुला सकती है, रोमांचित हो सकती है मगर उसके पीछे-पीछे नहीं चल सकती। इस पंथ के राही बिरले ही होते हैं। यह बीहड़ पथ उन्हें प्रायः मुट्‌ठी भर साथियों के साथ या नितान्त अकेले ही तय करना पड़ता है। उनको यह सुविधा भी नहीं थी कि वे किसी के द्वार पर खड़े होकर चन्दा माँगें। क्या कहेंगे—लाओ पैसा ! बम बनाकर वायसराय को मारूँगा ? कौन देगा उन्हें चन्दा ? लेकिन किसी भी आन्दोलन को आगे बढ़ाने में धन की जरूरत होती ही है। इस आवश्यकता की पूर्ति उन्होंने सरकारी खजाने को लूटकर की। वास्तव में वे न तो चोर थे न डाकू। वे तो तुम्हारी तरह किशोर युवा थे। इन क्रान्तिकारियों का मूल उद्‌देश्य भारत को स्वतन्त्र कराना था। वे हिंसा के प्रेमी नहीं थे। मजबूरन उन्हें यह रास्ता पकड़ना पड़ा, इसीलिए हम यह देखते हैं कि जब देश में ठीक ढंग से कोई आन्दोलन चल रहा होता, क्रान्तिकारियों के बम-पिस्तौल चुप रहते। क्योंकि युवा शक्ति आन्दोलन के कार्य में व्यस्त रहती। जैसे आन्दोलन कमजोर पड़ता, क्रान्तिकारी पुनः कमर कसकर खड़े हो जाते।

तुम्हें मालूम ही है चौरी चौरा कांड के बाद गांधी जी ने अपना असहयोग

आन्दोलन वापस ले लिया था। और फिर वे करीब चार साल तक राजनैतिक क्षेत्र से बाहर रहे। इसीलिए इन दिनों अर्थात् 1919 से 1923 के बीच आदर्शवादी युवक क्रान्तिकारी संगठनों की ओर खिंच गए। इस बीच घटित क्रान्तिकारी कांड इसी आकर्षण का परिणाम हैं। उनमें से प्रमुख हैं—'काकोरी डकैती कांड', 'लाहौर कांस्पिरेसी केस' तथा चिटगाँव का 'आर्मरी कांड'। यह युग अद्‌भुत त्याग, साहस और ओज से भरा है। क्रान्तिकारियों ने अपने जीवन, अपनी सुख-सुविधाओं को, अपने अरमानों को स्वतन्त्रता के बाट से तौल दिया। इन बलिदानियों में से कोई एक भी किसी युग-इतिहास को स्वर्णिम बना देने के लिए पर्याप्त है।

क्रान्तिकारी आन्दोलनकारियों के विषय में प्रायः लोगों का सोचना यह है कि वे सारा कार्य अविवेकी जोश में कर गुजरते थे। यह बात सही नहीं है। वे आयु में ज्यादा नहीं थे, उनका पठन-पाठन भी कुछ ज्यादा नहीं हुआ था। जीवन भी अशान्त व अभावमय था फिर भी उन्होंने चिन्तन-मनन किया। भारत के वर्तमान व भविष्य के लिए सोचा। इसका प्रमाण है उनका अखिल भारतीय क्रान्तिकारी संगठन, 'हिन्दुस्तानी समाजवादी प्रजातन्त्र सेना'। इस नाम से स्पष्ट है कि भारत के लिए जिस भविष्य की कामना उन्होंने की, वह थी—प्रेम व भाईचारे व बराबरी से रहने-बसनेवालों का देश—भारत।

धन की जरूरत पूरा करने के लिए क्रान्तिकारियों ने सरकारी खजाने को लूटना तय किया।...लखनऊ के पास काकोरी रेलवे स्टेशन से थोड़ी दूर पर आठ डाउन पैसेंजर को रोककर सरकारी खजाना लूट लिया गया। सारे देश में उत्तेजना फैल गई। अनगिनत लोग गिरफ्तार हुए। जरा सोचो इन पर मुकदमे का नाटक करने में सरकार ने पन्द्रह लाख रुपए खर्च कर दिए और फैसला वही हुआ जो सरकार चाहती थी।

पंडित रामप्रसाद बिस्मिल, राजेन्द्र लाहड़ी, रोशनसिंह तथा अशफाकुल्ला को फाँसी हो गई। अन्य चार लोगों को कालेपानी की सजा हुई। शचिन्द्रनाथ सान्याल जो उत्तर भारत के सक्रिय क्रान्तिकारी नेता थे और इस केस को अंजाम देने में भी उनका हाथ था, पकड़े नहीं गए। पूरा देश उत्तेजना से पागल हो उठा। हर स्तर से इन क्रान्तिकारियों को बचा लेने के प्रयत्न हुए मगर बेकार। कवि बिस्मिल और अशफाकुल्ला भिन्न बिरादरी के होते हुए भी जीवन के प्रारम्भिक वर्षों से लेकर अन्त तक एक जाँ दो शरीर रहे। यह

दोस्ती फाँसी के फन्दे तक बरकरार रही। दोस्ती की ऐसी मिसाल संसार में कम मिलेगी। कवि बिस्मिल की दो पंक्तियाँ आज भी हमें प्रेरणा देती हैं—

सरफ़रोशी की तमन्ना अब हमारे दिल में है
देखना है जोर कितना बाजुए क़ातिल में है।

कलम से लिखी बात को उन्होंने सच कर दिखाया।

जैसा पहले उल्लेख किया जा चुका है, 3 फरवरी 1928 को साइमन कमीशन बम्बई की धरती पर उतरा। कमीशन के प्रति जनविरोध को दबाने के लिए प्रदर्शनकारियों पर लाठियाँ बरसाई गईं तथा विरोध हुआ। लाहौर में वृद्ध नेता लाजपत राय को भी चोटें आईं। उन्होंने जो बिस्तर पकड़ा तो उठ नहीं सके, उनकी मृत्यु हो गई। इसका बदला लेने के लिए लाहौर के अंग्रेज पुलिस सुपरिंटेंडेंट को गोली से उड़ा दिया गया। क्रान्तिकारी दल ने अपने ढंग से कमीशन का बहिष्कार करने की योजना बनाई। क्रान्तिकारी मनमोहन गुप्त, मार्कंडेय तथा हरेन्द्र एक शक्तिशाली बम लेकर साइमन कमीशन को उड़ा देने के लिए चले जो बीच में ही फूट गया। मार्कंडेय तो वहीं शहीद हो गए। शेष दो पकड़े गए।

पिछले चार-पाँच सालों से देश में मजदूर संगठनों और ट्रेड यूनियनों ने अच्छा काम किया और धीरे-धीरे मजदूरों में चेतना और संगठन का विकास हुआ। मजदूर आन्दोलन के नेता एम.एन. राय को सरकार गिरफ्तार करने में बहुत दिनों तक असफल रही। मज़दूरों की जागृति सरकार को फूटी आँखों नहीं भा रही थी। 1929 का वर्ष था। मजदूरों को पूरी तरह बँधुआ बना देने के लिए सरकार दो बिल पास करवाने वाली थी। उस दिन असेम्बली भवन दर्शकों से खचाखच भरा हुआ था। तभी दो बम आ गिरे। बम फेंकनेवालों में सरदार भगतसिंह और बटुकेश्वर दत्त शान से दर्शक दीर्घा में खड़े रहे और गिरफ्तार हुए। वे चाहते तो बड़ी आसानी से गायब हो सकते थे। इस साहस से तो ब्रिटिश सरकार भी दंग रह गई। दोनों ने दिल्ली के सेशन जज की अदालत में लिखित बयान दिए—उसका कुछ अंश मैं तुम्हें बताना चाहूँगा। बम फेंकने का कारण बताते हुए उन्होंने कहा—"हमारा एकमात्र उद्देश्य था कि बहरे यह आवाज सुनें। भारत के लाखों भूखे और संघर्षरत मजदूरों को उनके प्राथमिक अधिकारों से वंचित करनेवाला विधेयक भारत के मुँह पर फेंककर मारा गया है, वह हमारी भारी बेइज्जती है। इस आन्दोलन की आवाज और

भगतसिंह, सुखदेव और राजगुरु

अस्तित्व की ओर से कान और आँखें बन्द कर रखी गई हैं। इसलिए हमारा कर्त्तव्य होता है कि हम इसकी चेतावनी ऐसे ढंग से दें जिसे अनसुना, अनदेखा न किया जा सके।'' 18 अप्रैल, 1928 की इस अद्‌भुत घटना के विषय में स्वयं लार्ड इरविन ने यह स्वीकार किया कि यह हमला किसी व्यक्ति के खिलाफ नहीं पूरी ब्रिटिश संस्था के खिलाफ था। क्रान्तिकारियों के लिए यही सम्मान की बात थी कि उनके कृत्य कौ उसके सच्चे अर्थों में समझ लिया गया। इस पूरे घटनाचक्र को आज हम 'लाहौर कांस्पिरेसी केस' के नाम से जानते हैं। भगतसिंह, सुखदेव तथा राजगुरु को एक साथ 23 मार्च, 1931 को फाँसी पर लटका दिया गया। इससे सम्बन्धित सात लोगों को कालेपानी की सजा हुई। इन्हीं दिनों बिहार के देवघर में भी क्रान्तिकारियों के खिलाफ केस चलाया गया। इसमें इलाहाबाद, सिलहट और ढाका तक के क्रान्तिकारी अभियुक्त थे। एक उदाहरण और देना चाहूँगा। लाहौर जेल में यतीन्द्रनाथ दास ने राजनैतिक कैदियों से अच्छे व्यवहार की माँग करते हुए 62 दिन के अनशन के बाद प्राण त्याग दिए। वहीं बर्मा से फूंगी विजय ने भी 164 दिन अनशन के बाद प्राण त्यागे। यतीन्द्रनाथ मरे तो लाहौर जेल में मगर उनकी लाश रेल से कलकत्ता भेजी गई। लाहौर से लेकर कलकत्ता तक मृत यतीन्द्रनाथ की यात्रा ने पूरे देश को एकता के सूत्र में पिरो दिया। क्रान्तिकारी पूरे भारत को एक सूत्र में बाँध रहे थे।

1930 का जमाना था। नमक सत्याग्रह अपनी अन्तिम मंज़िल पर था। 18 अप्रैल को करीब 74 नौजवानों ने सूर्यसेन के नेतृत्व में चिटगाँव का पुलिस शस्त्रागर लूट लिया। शस्त्रों की सामूहिक लूट पहले कभी नहीं हुई थी। अब तक के सभी षड्‌यन्त्रों में यह सबसे अधिक संगठित और गुप्त ढंग से किया गया था। चिटगाँव की पहाड़ियों में छिपे क्रान्तिकारियों ने कई दिनों तक अंग्रेजों का सामना किया। यहाँ तक कि इसके शमन के लिए अंग्रेजों को जंगी

जहाज व तोप का सहारा लेना पड़ा। सभी शहीद हुए। अंग्रेज खुफिया विभाग ने इसे अद्भुत विद्रोह की संज्ञा दी। सूर्यसेन को फाँसी हुई। बंगाल के इस शौर्य पर ब्रिटिश चकित रह गए।

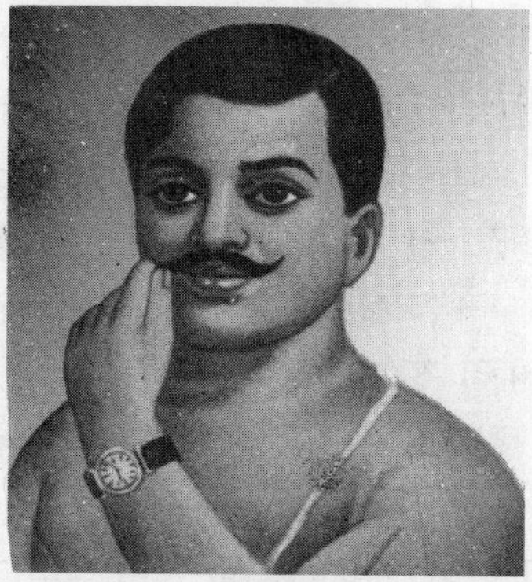

चन्द्रशेखर

भारी दमन, कालेपानी, अनशन से मृत्यु और फाँसी से देश के क्रान्तिकारी नेता एक-एक कर विदा होते गए। परन्तु अब भी एक ऐसा शेर बाकी था जिसका नाम सुनकर ही अंग्रेज काँप जाते थे। वह था नरव्याघ्र चन्द्रशेखर आज़ाद। क्रान्तिकारी संगठनों के कार्य को और अधिक संगठित, व्यवस्थित बनाने के लिए ये प्रयत्नशील थे। इसी सम्बन्ध में वे जवाहरलाल से भी मिले। मध्यप्रदेश के झाबुआ जिले में जन्मे शेर के समान शौर्यपूर्ण चन्द्रशेखर 27 फरवरी, 1939 में इलाहाबाद के अल्फ्रेड पार्क में घेर लिए गए। उन्हें जीवित ही पकड़ने की कोशिश हुई मगर नाकाम। एक पेड़ की ओट से गोलियाँ चलती रहीं। अन्तिम गोली चन्द्रशेखर ने खुद को मार ली। गोलियाँ चलना बन्द हो गया। फिर भी पुलिस आगे बढ़ने का साहस नहीं कर पा रही थी। पार्क का वह पेड़ जो चन्द्रशेखर पर चली गोलियों को खुद झेलता रहा अब गोलियों से छलनी बना खड़ा था और चन्द्रशेखर अन्तिम यात्रा पर निकल चुके थे। यह पार्क लोगों के लिए तीर्थ और पेड़ श्रद्धा का पात्र बन गया।

1930 तक आते-आते चुन-चुनकर क्रान्तिकारियों का सफाया किया जा चुका था। फिर भी छोटी-मोटी घटनाएँ घटती ही रहीं। मैं स्वयं उन दिनों जवान था और युवा नेता द्वय जवाहर एवं बोस की तरफ ही ज्यादा आकर्षित था। क्रान्तिकारियों ने सब तरह के त्याग किए। भूखे मर जाना तो फाँसी के फन्दे से भी ज्यादा पीड़ादायक है। मेरे पिताजी ने मुझे पकड़े रखा। मैं उनका अकेला पुत्र था। वे मुझे गांधीवादी मार्ग पर डालना चाहते थे और मेरा विवाह भी करना चाहते थे। खैर ! यह प्रसंग बाद में आएगा। कभी समय मिला तो इसका विवरण तुम्हें अलग से दूँगा।

आतंकवाद का यह अन्तिम चरण था। 1930 के बाद गांधी जी ने पुनः

आन्दोलन की बागडोर सँभाल ली। अब फिर तुम देखोगे कि 1942 तक गुप्त क्रान्तिकारी क्रियाकलाप देखने को नहीं मिलता। जब तुम और भी गहरा अध्ययन करोगे, तुम पाओगे कि आतंकवादी क्रियाकलाप गांधी के अहिंसात्मक आन्दोलन का प्रतिद्वन्द्वी नहीं, पूरक था।

मैं चाहता हूँ तुम लोगों की यह धारणा टूटे कि कुछ लोगों के थोड़े-से प्रयत्नों से हमें आजादी मिल गई। इसके लिए जो बलिदान युवकों ने किया है उसकी मिसाल ही मिलना मुश्किल है।

आशा है तुम लोग अपने अध्ययन में लगे होगे। अपने पापा से कहना स्कूल के कागजात का काम जल्दी निपटा लें। रामरतन को भेजे करघे फिर मरम्मत माँग रहे हैं।

अच्छा विदा !!!

डॉ. अम्बेडकर का त्याग

नमक सत्याग्रह के कारण गांधी जी जेल में थे। गांधी जी ओट में हुए कि क्रान्तिकारी मैदान में आ गए। एक ही वर्ष में उनकी गतिविधियों से सरकार परेशान हो गई। यद्यपि अंग्रेजों ने चुन-चुनकर क्रान्तिकारियों का सफाया किया मगर उन्हें भी यह अहसास हो गया था कि इस प्रकार काम चल नहीं सकता। हम दो क्रान्तिकारी मारेंगे, चार पैदा होंगे। स्थिति एकदम हाथ से बाहर न हो जाए, इसलिए उन्हें कोई-न-कोई रास्ता निकालना ही था। उनके पास एक ही चारा था, गांधी जी की शरण जाना। गांधी जी तथा कांग्रेस समिति के सदस्य 25 जनवरी, 1931 को मुक्त कर दिए गए। सरकार गांधी जी से बातचीत करना चाहती थी। गांधी जी तथा लार्ड इरविन से लम्बी बातचीत के बाद 5 मार्च को समझौता हो गया। जैसा कि समझौतों में होता है, दोनों ही पक्षों ने अपना हठ छोड़ दिया। ब्रिटिश सरकार भी झुकी। उसने अपने काले कानून वापस लिए। समुद्र से एक सीमा की दूरी पर रहनेवाले लोग अब नमक बना सकने के लिए स्वतन्त्र थे। यह समझौता गांधी-इरविन समझौते के नाम से प्रसिद्ध है।

बाबा साहेब भीमराव अंबेडकर

सच पूछो तो सरकार अपने धूर्तता भरे उद्देश्य में सफल रही थी। यह वह समय था जब हिंसावादी और अहिंसावादी दोनों ही आन्दोलन अपने पूरे ओज से चमक रहे थे कि सरकार ने एक झटके में आन्दोलन की आग पर राख बिखेर दी। फिर भी यह समझौता इस दृष्टि से बहुत महत्त्वपूर्ण है कि जिस संगठन को

उसने कल तक गैरकानूनी घोषित कर रखा था उसी से समझौते के लिए हाथ बढ़ाया। फिर भी यह प्रस्ताव कांग्रेस के ही अन्य नेताओं को बिलकुल नहीं भाया। इसी समय गांधी जी को समस्याओं का हल ढूँढ़ने के लिए इंग्लैंड गोलमेज कान्फ्रेंस में जाना पड़ा। गांधी जी का वहाँ जाना बेकार ही रहा। वहाँ राष्ट्रीय माँग पर तो कम ही बातचीत हुई। बार-बार यह समस्या सामने रखी गई कि भारत में अल्पसंख्यकों की समस्या कैसे हल हो।

28 दिसम्बर, 1931 को गांधी जी जब भारत लौटकर आए तो देखा यहाँ की हालत बद से बदतर हो गई है। सरकार सारे समझौते भूल चुकी है। क्रान्तिकारियों ने छोटे पैमाने पर ही सही अपना काम चालू रखा है। संयुक्त प्रान्त के किसान लगान देने में असमर्थ हैं। सीमा प्रान्त पर दमन चालू है। जनवरी 1932 तक सारे नेता जेलों के भीतर पहुँचा दिए गए। एक वर्ष बीतते न बीतते एक लाख 20 हजार गिरफ्तारियाँ हो चुकी थीं। यहाँ तक कि उन मकानों पर भी कब्जा कर लिया गया था जहाँ कार्यकर्ता मिलते, बैठते थे। इधर साम्प्रदायिक दंगे भी हो ही रहे थे। मुस्लिम लीग धीरे-धीरे सशक्त हो गई थी। एकता के अनन्य उपासक, 'केसरी' के सम्पादक गणेश शंकर विद्यार्थी मुसलमानों की रक्षा का काम करते हुए एक मुसलमान के हाथ ही मारे जा चुके थे। गांधी जी को जो डर था वही हुआ। सभी नेता जब जेल में थे सरकार ने अछूतों के लिए पृथक् निर्वाचन की घोषणा कर दी। तुम्हें याद होगा मार्ले-मिंटो सुधार द्वारा इसी तरह मुसलमानों के लिए अलग निर्वाचन क्षेत्र की घोषणा की गई थी। मुसलमानों को तो अलग किया ही जा चुका था। अब बारी हरिजनों की थी। गांधी जी को भारत के इस कमजोर अंग की पहचान पहले से ही थी और लगातार समय निकालकर इस समस्या पर वो लिखते-बोलते रहते थे। सवर्णों व हरिजनों के बीच सम्बन्धों की जो पतली डोर थी वह भी टूटने ही वाली थी। गांधी ने ऐलान कर दिया कि यदि सरकार इस घोषणा को वापस नहीं लेती तो वे 20 सितम्बर से आमरण अनशन करेंगे। सभी जानते थे कि केवल धमकी नहीं है गांधी जी यह कर गुजरेंगे। गांधी जी को मैं यहीं छोड़ता हूँ। तुम्हें एक नई धारा की तरफ ले चलता हूँ।

यह तो हम मानते ही हैं कि सदियों से कथित अछूतों ने सवर्णों के अत्याचार सहे हैं। राष्ट्रीय चेतना के साथ ही अछूतों में भी जागृति आने लगी

थी। इस वर्ग के कुछ बड़े अच्छे नेता भी सामने आ गए थे। उनका संगठन भी काफी तगड़ा था। हरिजन नेताओं में सबसे प्रमुख थे डॉ. भीमराव अम्बेडकर। ये अपने माता-पिता की चौदहवीं सन्तान थे। 1924 से बम्बई हाईकोर्ट में बैरिस्टर का काम करने लगे थे। मुझे यह कहने में जरा भी हिचक नहीं है कि उस युग के नेताओं में डॉ. अम्बेडकर सबसे अधिक कुशाग्र बुद्धि के मालिक थे। उन्होंने विदेश में जाकर उच्च शिक्षा प्राप्त की। मगर बचपन से ही उन्होंने जिस अपमान का जहर पिया, अलगाव की जितनी ठोकरें खाईं वह किसी भी संवेदनशील और तीव्र बुद्धिवाले व्यक्ति को पत्थर बना देने के लिए काफी था। और यह जहर, यह ठोकरें उन्हें अपने ही भाइयों से मिली थीं। इसलिए यदि उन्होंने अलग निर्वाचन क्षेत्र की वकालत की तो क्या गलत था ? उस समय तक हरिजनों में वे बाबासाहब के नाम से मशहूर थे और एक अच्छे खासे वर्ग के एकछत्र नेता थे। गांधी जी ने जेल में ही हरिजनों के लिए पृथक् निर्वाचन क्षेत्र के विरोध में अनशन शुरू कर दिया। सारा देश चिन्तित हो उठा। डॉ. अम्बेडकर पर यह दबाव पड़ने लगा कि वे सरकार की इस नीति का विरोध करें। अम्बेडकर के सामने विकट धर्मसंकट था। एक तरफ गांधी जी के जीवन का प्रश्न था तो दूसरी तरफ लाखों की संख्या में अछूतों के अस्तित्व व सम्मान का प्रश्न था। स्वयं उनके राजनैतिक जीवन का भी प्रश्न था। उन्होंने जो निर्णय लिया वह उन्हीं जैसे देशप्रेमी व निःस्वार्थी के ही योग्य था। अपना सारा नेतृत्व दाँव पर लगाकर उन्होंने गांधी जी की बात मान ली। भारी मन से उन्होंने स्वीकार किया कि यद्यपि सवर्ण हरिजनों के साथ कभी न्याय नहीं करेंगे फिर भी गांधी जी का जीवन ज्यादा मूल्यवान है। कौन कह सकता है कि यदि अम्बेडकर अपनी बात पर डट जाते तो यहाँ पाकिस्तान की तरह भारत के किसी हिस्से में 'हरिजनस्थान' न बन जाता ? भारत की एकता के लिए बलि देनेवालों में डॉ. अम्बेडकर को मैं पहला स्थान देता हूँ। विषपायी शंकर की तरह स्वयं गरल पीकर उन्होंने भारत को एक और खंडन से बचा लिया। गांधी जी ने अपना अनशन तोड़ दिया। डॉ. अम्बेडकर गांधी जी के सदा आलोचक रहे। उनकी आलोचना सुन गांधी जी कहते कि मेरी आलोचना करना उनका हक है। सदियों से सवर्णों ने जो पाप किए हैं उससे यह सब करने का उनका जायज हक बनता है। गांधी जी ने अम्बेडकर पर कभी क्रोध नहीं किया न ही कभी आलोचना की। इस घटना ने गांधी जी

को बड़ी गहराई से प्रभावित किया। वे अभी भी यरवदा जेल में थे। जेल से ही उन्होंने 'हरिजन' पत्रिका निकालनी शुरू कर दी। यरवदा जेल में ही उन्होंने 8 मई से 21 दिन के उपवास की घोषणा कर दी। कारण बताया ''सवर्णों में हरिजनों के प्रति कर्त्तव्य बुद्धि जगाने और स्वयं की आत्मशुद्धि''। हरिजनों पर अत्याचार का कुछ आँखों देखा हाल मैं किसी अन्य प्रसंग में बताऊँगा।

सरकार ने गांधी जी को छोड़ दिया। जेल से छूटते ही गांधी जी ने अपना आन्दोलन छह सप्ताह के लिए स्थगित कर दिया। यह स्थगन आन्दोलन का एक प्रकार से अन्त ही था।

गवर्नर विलिंग्डन का युग शत-प्रतिशत दमन युग रहा। युवा ताकत को पूरी तरह खत्म कर देने में कुछ भी उठा नहीं रखा गया—फाँसी, मुठभेड़, देश निकाला, कालापानी, आजन्म कारावास, जेल, नजरबन्दी, लाठीचार्ज सभी की खूब आजमाइश हुई। इनका कार्यकाल खत्म हुआ। अब आए लार्ड लिनलिथगो।

1936 का वर्ष चुनाव की सरगर्मी से शुरू हुआ। इसी युग में जवाहरलाल वास्तविक जन नेता बने। ग्यारह में से छह प्रान्तों में कांग्रेस जीत गई। उसने वादा किया था कि यदि वह जीती तो राजनैतिक कैदियों को मुक्त करेगी। उसने वादा निभाया। कैदियों को छोड़ने के लिए सरकार से लड़ना पड़ा। बारह-बारह वर्षों से क्रान्तिकारी कैदी जेलों में थे। काकोरी कांड के कैदी भी मुक्त हो गए। जेल से छूटे कैदियों का खूब स्वागत हुआ। उन्हें मान-पत्र दिए गए। खूब समारोह मनाए गए। कांग्रेस मन्त्रिमंडल केवल दो वर्ष तक काम कर सका मगर इसी बीच उसने राजनैतिक कैदियों को मुक्त कर ही दिया। कांग्रेस ने बहुत अच्छा काम किया, बस एक भूल कर दी। हारे हुए लीग को अपनी तरफ खींच लेने

पंडित जवाहरलाल नेहरू

का जो अवसर मिला था उसे खो दिया। इसके बारे में मैं पहले ही तुम लोगों को बता चुका हूँ।

1939 तक आते-आते हिटलर व मुसोलनी के उदय ने विश्वयुद्ध को अनिवार्य बना दिया। भारत जो स्वयं अपनी आजादी के लिए जान दाँव पर लगाए हुए था, अंग्रेजों के लिए किसी और से क्यों लड़ता ? इस समय कांग्रेस के अध्यक्ष सुभाषचन्द्र बोस थे। विश्वयुद्ध में भारत के जान-माल के उपयोग का उन्होंने कड़ा विरोध किया। भारतीय राजनीति के लिए भी यह संकट का समय था। त्रिपुरा में अधिवेशन होनेवाला था मगर सुभाषचन्द्र बीमार थे और गांधी जी अनशन पर थे। गांधी जी और सुभाष में व्यक्तिगत प्रेम व श्रद्धा होने पर भी दोनों की सैद्धान्तिक मंच पर कभी पटरी नहीं बैठी। सुभाष का विचार था कि चूँकि स्वतन्त्रता हमारा जन्मसिद्ध अधिकार है, उसे वापस छीन लेने में क्या हर्ज है ? सुभाष शुरू से ही उग्र स्वभाव के थे। सुभाषचन्द्र ने कांग्रेस से इस्तीफा दे दिया। उन्होंने फारवर्ड ब्लाक का संगठन कर एक सशक्त कांग्रेस विरोधी पार्टी बनाने की कोशिश की। दो प्रान्तों में द्वितीय विश्वयुद्ध में भारत के सहयोग को लेकर बहुत विरोध हो रहा था। पंजाब में 'अहरार पार्टी' तथा संयुक्त प्रान्त में 'यूथ लीग' युद्ध विरोधी प्रचार कर रही थी। यहाँ एक बात ध्यान देने की यह है कि पंजाब की अहरार पार्टी मुस्लिम प्रधान संस्था थी। कांग्रेस ने भी कहा कि वह ब्रिटेन की सहायता के लिए तैयार है मगर बिना शर्त नहीं और शर्त है—स्वतन्त्रता। सरकार ने कोई उत्तर नहीं दिया। प्रान्तों के कांग्रेसी मन्त्रिमंडलों ने इस्तीफे दे दिए। सरकार का दमनचक्र चालू हो गया।

भारत छोड़ो

द्वितीय विश्वयुद्ध का समय। युद्ध में अंग्रेजों की हालत अच्छी नहीं थी। हिटलर के कदम बढ़ते चले जा रहे थे। उधर भारत ने सहयोग न देने की कसम खा रखी थी। ब्रिटिश सरकार ने यह वादा किया कि युद्ध के बाद भारत को संघ राज्य बना दिया जाएगा। परन्तु इस बातचीत को भी उसने बीच में ही छोड़ दिया। अब आन्दोलन छेड़ देने के अलावा कोई चारा नहीं था। कांग्रेस ने अपना प्रसिद्ध 'भारत छोड़ो' प्रस्ताव पास कर 'करो या मरो' का नारा बुलन्द कर दिया। आठ अगस्त 1942 की रात यह प्रस्ताव पारित हुआ। कुछ घंटे बाद ही धरपकड़ शुरू हो गई। अधिवेशन में आए सभी नेता पकड़ लिए गए। सारा आन्दोलन नेताविहीन हो गया। गांधी जी ने भारत छोड़ो प्रस्ताव पास करते हुए कहा था कि इस आन्दोलन में हर कोई अपना नेता है, यह व्यक्तिगत आन्दोलन है। नेताओं की गिरफ्तारियों ने आन्दोलन को और भड़का दिया। लोग अंग्रेजों के झूठे वादों से ऊब चुके थे और अब आन्दोलन उनके हाथ में था। सो जैसा बन पड़ा उन्होंने आन्दोलन का श्रीगणेश कर दिया।

मैंने तुम्हें पहले भी बताया है कि भारत की राजनैतिक परिस्थितियों को पढ़ लेने की अद्‌भुत दृष्टि गांधी जी में थी। इस समय भारत की परिस्थितियाँ कुछ विचित्र थीं। एक तरफ ब्रिटिश सरकार भारत को आजाद करना नहीं चाहती थी। दूसरी तरफ वह उसकी रक्षा में भी सक्षम नहीं थी। यदि जापानियों ने भारत पर हमला किया तो ? भारतीयों में भी जापानी प्रेम उमड़ा पड़ रहा था। यह मनुष्य स्वभाव है। शत्रु का शत्रु मित्र होता है। जापानी यदि जीत भी जाएँ तो क्या वे भारत को तुरन्त आजाद कर देंगे ? सत्ता का मोह साम्राज्यवादी क्या यूँ ही छोड़ देंगे ? कहीं दो बड़ी शक्तियों की रणभूमि भारत न बन जाए ? भैंसों की लड़ाई में घास ही तो रौंदी जाती है।

इधर जवाहरलाल ने ऐलान कर रखा था यदि सुभाषचन्द्र बोस हाथ में तलवार लेकर भारत भूमि पर आएँगे तो मैं उनका सामना करूँगा। गांधी जी ने देखा कि भारत के दो जनप्रिय शीर्षस्थ नेता एक-दूसरे के विरोध में खड़े हो सकते हैं। जनता इधर-उधर के विचारों, कार्यक्रमों में फँसे इससे पहले ही जनता को एक वृहद् आन्दोलन की तरफ खींचकर उनकी व्यक्तिगत सूझबूझ, ताकत और त्याग के लिए मुक्त कर दिया।

कुछ समाजवादी नेता अभी भी पकड़ से बाहर थे। इनमें अच्यूत पटवर्धन तथा राममनोहर लोहिया प्रमुख थे। इन्होंने जेल से बाहर बचे गांधीवादी नेताओं से बातचीत कर तय किया कि भूमिगत रहकर आन्दोलन का नेतृत्व करेंगे। इन्होंने अखिल भारतीय कांग्रेस कमेटी का भूमिगत कार्यालय कायम किया। इस संगठन ने एक नारा दिया—"न हत्या न चोटें" अर्थात् बिना हिंसा के शासन का चक्का जाम कर देना है। श्रीमती सुचेता कृपलानी, रंगराव दिवाकर, आनन्द चौधरी, किशोरीलाल मशरूमवाला गांधीवादी नेता भी साथ थे। जयप्रकाश नारायण जेल में थे। वे अपने साथी रामानन्द मिश्र के साथ हजारीबाग जेल से भाग खड़े हुए। इस आन्दोलन ने दो नारी पात्र दिए। अरुणा आसफ अली ने जिस साहस और कुशलता से आन्दोलन का संचालन किया उसकी मिसाल नहीं। वे अन्त तक अंग्रेजों के हाथ नहीं लगीं। 1945 में वारंट वापस ले लिए जाने के बाद ही वो प्रकट हुईं। भूमिगत रेडियो स्टेशन कायम किया। इसे निर्मित करने एवं इसकी देख-रेख करने में उषा मेहता का ही मस्तिष्क था। भूमिगत रेडियो स्टेशन के प्रसारण ने अंग्रेजों की नींद ही हराम कर दी। सारे देश में अहिंसात्मक तरीकों के साथ आगजनी, हत्या व विध्वंस के कार्य भी हुए। मगर जनता के क्रोध को देखते हुए इसे स्वल्प ही कहना चाहिए।

भीड़ ने डाकघर, पुलिस चौकियों, टेलीफोन के खम्भों, रेल की पटरियों, सरकारी दफ्तरों को अपना लक्ष्य बनाया। ये उपद्रव मद्रास, बिहार, बम्बई, मध्यप्रदेश तथा उत्तर प्रदेश में एक साथ शुरू हुए। ऐसे ही समय भारत के सचिव श्री एमरी ने कांग्रेस पर तोहमत लगाते हुए अपने भाषण में कहा कि कांग्रेस तो पहले से ही तोड़फोड़ का कार्यक्रम तय कर चुकी थी। इस भाषण का जनता पर उलटा ही असर हुआ। उन्होंने इसे सच मान लिया। गांधी जी ने तो कह ही दिया था कि इस आन्दोलन में हर कोई अपना नेता है। फिर

क्या था ! बड़े पैमाने पर तोड़फोड़ हुई। कहीं-कहीं तो चन्दा इकट्ठा करके तोड़फोड़ के औजार बाँटे गए। यह आन्दोलन शुद्ध जनता का था। उसने अपनी सामान्य बुद्धि का अच्छा परिचय दिया। कहीं तो वह गोलियों के सामने सीना तानकर खड़ी हो गई तो कहीं गोरिल्ला युद्ध करने लगी।

इस आन्दोलन के बीच घटी दो-तीन घटनाओं के विषय में बताऊँगा ताकि तुम लोग सामान्य जनता के त्याग, साहस और तुरन्त बुद्धि का अन्दाज लगा सको। पटना सचिवालय पर टँगे यूनियन जैक को उतारकर तिरंगा फहराने में एक साथ सात छात्रों ने जान गवाँ दी। तुम समझ लो कि यह एक प्रकार से रिले-रेस था। गोली खाकर गिरनेवाले के हाथ से झंडा लेकर दूसरा भाग लेता। अन्तिम छात्र को गोली तब लगी जब उसने यूनियन जैक उतारकर तिरंगा फहरा दिया। आज भी उन सात युवकों का पूरा विवरण ज्ञात नहीं। उनका साहस, उनका बलिदान पूरे राष्ट्रीय आन्दोलन में बेमिसाल है। जब भी तुम लोगों को बिहार जाने का मौका लगे पटना सचिवालय के सामने बने उनके स्मारक को अवश्य देखना।

यूँ तो आन्दोलन पूरे भारत में फैला हुआ था मगर दो जगहों पर इसने अपना अनोखा ही रूप दिखाया। उत्तर प्रदेश के जिला बलिया के लोग शहर को तोड़ते-फोड़ते, जलाते जिला मजिस्ट्रेट को कैद करने चले। लोगों के पहुँचने से पहले ही मजिस्ट्रेट ने जेल में बन्द उनके नेता चीतासिंह को मुक्त कर आत्मसमर्पण कर दिया। 22 अगस्त को जब सेना आ गई, बलिया तभी काबू में आया। बलिया तीन दिनों तक मुक्त रहा। इसी प्रकार बंगाल के मेदनीपुर में भी जनता ने इतनी फुर्ती दिखलाई कि गोली चलाने की आज्ञा देने से पहले ही थाना इंचार्ज को कैद कर लिया।

इस आन्दोलन में तोड़फोड़ जिस ढंग से हो रही थी, वह बिना तकनीकी ज्ञान वालों के सहयोग के असम्भव थी। यह सम्भव हुआ बड़े पैमाने पर तकनीकी ज्ञान रखनेवाले विद्यार्थियों के सहयोग से। तब चन्दा इकट्ठा कर तोड़फोड़ के लिए आवश्यक औजार लोगों में बाँटे गए। यही नहीं, साधारण घरों की स्त्रियों ने भी जी खोलकर आन्दोलन में भाग लिया। अब तो नाम भी याद नहीं। हाँ ! एक थी सति देवी जो गुप्त परचे बाँटने में कुशल थीं। श्रीमती विमला बाई ने जेल पहुँच पहला काम तिरंगा लहराने का कर दिया। आन्दोलन में भाग-दौड़ करनेवालों को खाना-पीना देना, आवश्यकता पड़ने

पर छिपा देना तो उनके लिए साधारण काम था। मैं उन दिनों बलिया में था। काम तो मैं हरिजनों के लिए कर रहा था मगर इस पावन धारा से भला कौन अछूता रह सकता था।

आन्दोलन जितना ही प्रबल था इसे दबाने के लिए उतनी ही क्रूरता का प्रयोग हुआ। ब्रिटिश शासन के दमनकारी रूप के विवरण के लिए तो एक अलग ही पुस्तक चाहिए। 60,000 लोग गिरफ्तार हुए, 94 लोग गोलियों से मरे, 60 बार फौज को बुलाना पड़ा तथा 6 स्थानों पर बमबारी करनी पड़ी। ये सरकारी आँकड़े हैं, सच्चाई इससे कई गुना ज्यादा थी। वायसराय लिनलिथगो ने चर्चिल को लिखे एक पत्र में स्वीकार किया कि 1857 के बाद यह सही मायने में जन आन्दोलन था। लेकिन सच तो यह है कि यह 1857 की क्रान्ति से अधिक व्यापक व भयंकर था। यह जनक्रान्ति थी।

इस आन्दोलन के लिए सरकार ने गांधी जी को जिम्मेदार ठहराया और उन्हें जापानियों का एजेन्ट तक कहा। अपने पर सन्देह और अपने लोगों द्वारा हिंसा के कार्य के लिए गांधी जी ने 21 दिन का अनशन शुरू कर दिया। सरकार ने गांधी जी को छोड़ दिया। आन्दोलन पर सरकार ने काबू पा लिया मगर इसका फल मिला 1945-46 के केन्द्रीय व प्रान्तीय चुनावों में। कांग्रेस को सौ प्रतिशत सफलता मिली। परन्तु यही इस आन्दोलन की दुःखद कमी भी है—मुस्लिम सम्प्रदाय का इससे अलग रहना। भारत के सारे नेता जेल में थे। बंगाल के कुछ जिले दिल दहला देनेवाले अकाल की चपेट में थे। गांधी जी 21 दिन के उपवास पर थे। भूमिगत नेताओं की खोज में सरकार साधारण जनता को सन्देह में ही परेशान कर रही थी। सुभाषचन्द्र बोस जर्मनी पहुँचकर युद्ध का ऐलान कर चुके थे मगर मुस्लिम सम्प्रदाय जिन्ना के जिद भरे नेतृत्व में भारतवर्ष के बँटवारे की योजना में लगा था।

आजादी के दावेदार, आजाद हिन्द फौज

1942 क्रान्ति का स्मृति-पर्व, आजाद हिन्द फौज को याद किए बिना पूरा नहीं हो सकता। तुम्हें याद ही होगा कि 1939 में सुभाषचन्द बोस कांग्रेस के अध्यक्ष चुने गए थे। मगर गांधीवादी विचारों से टकराहट के कारण उन्होंने इस पद से त्याग-पत्र दे दिया। उन्हें कांग्रेस का धीमी चाल का आन्दोलन रास नहीं आया। उनके दिल में जो आग थी वह उन्हें चैन से बैठने नहीं दे रही थी। इसी समय सरकार ने उन्हें उन्हीं के घर में नजरबन्द कर रखा था। 26 जनवरी 1941 का दिन था। लोग एक समाचार पढ़कर चौंक उठे। सुभाष अपने ही घर से अन्तर्धान हो चुके थे। बहुत दिनों तक उनका कुछ भी पता न चला। लोगों ने सोचा शायद निराश होकर वे साधु-संन्यासी हो गए हैं। लेकिन हुआ यह कि भेष बदलकर वे काबुल के रास्ते भारत से बाहर निकल गए थे। यह एक बड़ी लम्बी रोमांचक कथा है कि वे भारत से काबुल, फिर वहाँ से जर्मनी कैसे पहुँचे। वे अपने मित्र रहमत खाँ के साथ रावलपिंडी और पेशावर और वहाँ से काबुल जा पहुँचे। वहाँ प्रसिद्ध 'अड्डा शरीफ' के पीर ने उनके आगे की यात्रा के लिए प्रबन्ध कर दिया। 28 मार्च 1941 को वे बर्लिन पहुँच गए।

तुम्हें तो मालूम ही है कि किस प्रकार अनेक लोग अनेक ढंगों से विदेशों में भी भारत की स्वतन्त्रता के लिए प्रयत्न करते रहे थे। रासबिहारी बोस के दो साथियों, अवध बिहारी और मास्टर अमीरचन्द्र को 1914-15 के बीच फाँसी हो गई थी और आपके सिर के लिए भी 12,000 रुपए का इनाम घोषित था। सतर्क अंग्रेजी आँखों में धूल झोंककर आप 1915 में जापान जा पहुँचे। तभी से आप इस प्रयत्न में रहे कि जापान की सहानुभूति प्राप्त की जाए। प्रथम महायुद्ध के बाद ही आप यह प्रयत्न करने लगे कि भारतीय सैनिकों को लेकर एक ऐसी फौज बनाई जाए जो भारत की स्वतन्त्रता के

लिए लड़ सके। उन्होंने जापानी अधिकृत देशों में बसे भारतीयों से भी सहायता माँगी। द्वितीय विश्वयुद्ध में ब्रिटेन की तरफ से लड़ते हुए बहुत-से भारतीय सिपाही युद्धबन्दी बना लिए गए थे। इन्हीं को संगठित कर इन्होंने 'इंडिया इंडिपेंडेंस लीग' की स्थापना की। यही संस्था 'आजाद हिन्द फौज' के रूप में बदल गई। रासबिहारी बोस ने जापानियों से दो बातें शुरू में ही स्पष्ट कर ली थीं। लीग पर जापानी शासन का हस्तक्षेप नहीं होगा तथा केवल भारतीय नायकों के अधीन ही भारत पर सैनिक कार्यवाही होगी। परन्तु रासबिहारी एक नए युवा नेता की खोज में थे। वैसा, जो पूरे ओज के साथ काम कर सके। यह युवा नेता सुभाषचन्द्र तो बर्लिन में बैठे थे। सुभाष को पनडुब्बी द्वारा भारी खतरा झेलते हुए टोकियो लाया गया। वे अपने एकमात्र साथी आबिद अली हसन के साथ पनडुब्बी की जोखिम भरी यात्रा को पूरा कर 20 जून 1943 को टोकियो पहुँच गए। रासबिहारी बोस ने लीग का नेतृत्व उनके हाथों में सौंप दिया। सुभाष के व्यक्तित्व के कारण जापानी सरकार तो प्रभावित हुई ही भारतीयों में भी जोश फैल गया। सुभाष ने 'हुकूमते आजाद हिन्द' की एक सरकार ही कायम कर दी जिसके प्रधान सलाहकार रासबिहारी बने। उन्होंने अलग-अलग विभाग बनाए और विभागाध्यक्षों की नियुक्तियाँ कीं। उन्होंने स्त्रियों को भी बराबर का दर्जा दिया और डॉ. श्रीमती

सुभाष चन्द्र बोस

लक्ष्मी स्वामीनाथन के नेतृत्व में स्त्रियों की एक सैनिक टुकड़ी 'झाँसी की रानी ब्रिगेड' कायम की। आजाद हिन्द फौज में करीब 50 हजार सिपाही थे जिनकी ट्रेनिंग का काम पूरे अनुशासन से होने लगा। अपनी सरकार और अपने सिपाहियों में साहस और उमंग भर देने के लिए आपने दो नारे दिए—'जय हिन्द' और 'दिल्ली चलो'। उन्होंने अपने सिपाहियों से कहा—"अन्धकार में, उजाले में, दुख में सुख में, कष्ट सहन और विजय में सदैव आपके साथ रहूँगा।" जब रंगून जापानियों के कब्जे में आ गया तो आजाद हिन्द का दफ्तर भी रंगून में आ गया। 8 नवम्बर, 1943 को जापानी सरकार ने अंडमान निकोबार द्वीप को आजाद हिन्द सरकार के हवाले कर दिया। सुभाषचन्द्र बोस ने सबसे पहला काम यहाँ कालेपानी की सजा भुगतते हुए भारत के राजनैतिक कैदियों को मुक्त कर दिया। अपने भाषण में आपने कहा "जहाँ अनेक क्रान्तिकारियों ने अपने प्राण खोए हैं वह स्वतन्त्रता की लड़ाई में सबसे पहले स्वाधीन हुआ है। उन्हीं शहीदों की स्मृति में मैं अंडमान का 'शहीद' और निकोबार का नाम 'स्वराज्य' रखता हूँ।" आजाद हिन्द फौज बर्मा की सीमा लाँघ भारत भूमि पर जा पहुँची। आजाद हिन्द फौज ने प्रत्यक्ष रूप से ब्रिटिश सेना से युद्ध कर उन्हें दूर खदेड़ दिया। इम्फाल में, जो आज मणिपुर का इलाका है सुभाष की सरकार ने तिरंगा झंडा फहरा दिया। इस तरह नवनिर्मित सरकार पूरी तरह धर्मनिरपेक्ष थी। जिन दिनों भारत में पाकिस्तान को लेकर खींचातानी और दंगे चल रहे थे उन्हीं दिनों कर्नल इमान कादिर, शाहनवाज, करीम गनी, डी.एस. खाँ, एम.जेड. कियानी आजाद हिन्द सरकार व फौज के जिम्मेदार अधिकारी थे। हिन्दू, पारसी, सिख और मुसलमान सभी एकजुट होकर प्राणों की बाजी लगाए बैठे थे।

विश्वयुद्ध का स्वरूप बदलने लगा। विवश जापानियों ने 23 अप्रैल 1945 को रंगून छोड़ दिया। जापानियों के आत्मसमर्पण के बाद सहयोगियों के बहुत दबाव डालने के बाद सुभाषचन्द्र बोस को भी भाग जाने के लिए विवश होना पड़ा। 16 अगस्त 1945 को सुभाषचन्द्र बर्मा से एक छोटे-से हवाई जहाज में रवाना हुए जो बीच में ही दुर्घटनाग्रस्त हो गया। अपनी सरकार की स्थापना के बाद अपने प्रथम भाषण में ही सुभाष ने कहा था—"आजाद भारत को मैं राष्ट्रीयता के चरणों में समर्पित कर संन्यास ले लूँगा।" यह अवसर उन्हें नहीं मिला।

मृत्यु ने हमसे हमारा साहसी, सजीला प्यारा नायक छीन लिया। सुभाष की मृत्यु की खबर से पूरे भारत में शोक छा गया। भारत में आजाद हिन्द फौज की खबरें तो कट-छँटकर ही आती थीं। जब उनके तीन प्रमुख सेनापतियों, शाहनवाज, सहगल व ढिल्लन पर दिल्ली की खुली अदालत में मुकदमा चलाया गया तो आजाद हिन्द के सैनिक अभियान की सारी बातें लोगों के सामने आ गईं। सरकार ने सोचा था इस खुली कार्यवाही से भारतीय जनता को सबक सिखाया जा सकेगा, मगर हुआ इससे उल्टा ही असर। लोगों में इतना जोश फैला कि सरकार सकते में आ गई। अहिंसा के अनन्य पुजारी गांधी जी ने आजाद हिन्द फौज की तरफ से मुकदमा लड़ने के लिए भूलाभाई देसाई को नियुक्त किया। देसाई जी ने बड़ी कुशलता से इन अफसरों की पैरवी की। इस पैरवी के द्वारा ही संसार के सामने आजाद हिन्द फौज की सच्चाई, आदर्श, उसकी अतुलनीय रोमांचक बलिदानी गाथा लोगों के सामने प्रकट हो गई। जवाहरलाल नेहरू ने भी इस विषय को ऊपर उठाया। कांग्रेस की सभाएँ 'जय-हिन्द' के नारों से गूँज उठीं और 'जय-हिन्द' घर-घर पहुँच गया। सरकार को इन तीन अफसरों को रिहा करना पड़ा। आजाद हिन्द फौज की कथा यूँ समाप्त होती है। मगर कुछ ऐसी बातें हैं जिन्हें सोचकर मैं आज भी विकल हो जाता हूँ। आजाद हिन्द फौज के बिखर जाने या बन्दी बना लिए जाने के बाद उसके सैकड़ों सिपाहियों और महिला सिपाहियों का क्या हुआ, कुछ पता नहीं चला। न जाने उनके साथ किसने क्या व्यवहार किया ?

असफल हो जाने पर भी आजाद हिन्द फौज का असर कम नहीं था। कलकत्ते में एक बार फिर क्रान्तिकारी ढंग से काम कर छात्रों ने सैनिक लारियों पर हमला कर उन्हें जला दिया। युवा मन को सबसे ज्यादा सुभाष ने ही मुग्ध किया। आजाद हिन्द फौज का कार्यकाल बहुत कम रहा। फिर भी वामन देवता की तरह इसने युवा जगत के सम्पूर्ण फैलाव को अपने कदमों से नाप लिया।

सुभाषचन्द्र बोस का असर भारतीय सेना पर भी फैल गया था। शीघ्र ही इसका प्रमाण भी मिल गया। फरवरी 1946 में बम्बई में भारतीय नौसेना के जवानों ने विद्रोह कर दिया। कारण यह था कि उन्हें 'कुत्ते के बच्चे' और 'कुली के बच्चे' कहा गया था। सच्चाई तो यह है कि बारूद का ढेर तो पहले

ही लग चुका था, जरूरत चिंगारी की थी। विद्रोह भड़क उठा। उन्होंने सभा कर अपनी माँगें पेश कीं जो अनुशासन की सीमा तोड़ राजनैतिक उद्देश्यों को छूने लगा। 19 फरवरी तक 20 हजार नौसैनिक विद्रोह में शामिल हो गए। उस समय किनारे पर छोटे-बड़े मिलाकर सौ लड़ाकू जहाज थे। सब पर से यूनियन जैक उतार दिया गया और जिसे जो मिला उसे ही झंडे की जगह लहरा दिया। 22 फरवरी को युद्ध शुरू हो गया। कराची में भारतीय सैनिकों ने गोरे सैनिकों को भून डाला। अंग्रेजों के अनुरोध और दबाव के कारण सरदार पटेल को नौसैनिक विद्रोहियों से आत्मसमर्पण कराना पड़ा।

1947 में भारत को विभाजित कर सत्ता हस्तान्तरण का जो निर्णय ब्रिटिश सरकार ने लिया उसके प्रमुख कारणों में से एक यह भी है कि अब उन्हें भारतीय सेना पर विश्वास नहीं रहा था। उन्हें यह अच्छी तरह मालूम था कि बिना भारतीयों के सहयोग के भारत पर शासन नहीं किया जा सकता। जितने दिन हो वे गाड़ी खींचना चाहते थे, मगर अब डर था कि पहिए खूनी क्रान्ति के दलदल में फँस न जाएँ। अतः उनका यह निर्णय कि साफ-सुथरा चेहरा लिए हुए त्यागी बन्धु की तरह भारत से विदा ले ली जाए, उनके ही स्वार्थ में अधिक उचित था।

कटी-फटी स्वतन्त्रता

कांग्रेस के अहिंसात्मक आन्दोलन, युवा वर्ग के क्रान्तिकारी आतंकवादी आन्दोलन तथा नौसेना विद्रोह के कारण अंग्रेजों ने जान लिया कि अब वह बिन्दु आ चुका है जब उन्हें भारत छोड़ देना चाहिए। विश्व का राजनैतिक स्वरूप भी बदल गया था। जापान, जर्मनी तो अपनी हार से तबाह थे ही, जीतनेवालों की हालत भी उनसे कुछ ज्यादा बेहतर न थी। विश्व मन्दी की हालत में चल रहा था। भारत में तो दो रोटी और तन ढँकने का कपड़ा मिलना कठिन था। ये चीजें तब कंट्रोल की दुकानों से ही मिला करती थीं। ठीक इसी समय इंग्लैंड में चुनाव हुए और युद्ध का विरोध करनेवाली मज़दूर पार्टी सत्ता में आ गई। मजदूर पार्टी का यह ऐलान व वायदा था कि वह भारत को स्वतन्त्र करेगी। मजदूर दल के ब्रिटिश प्रधानमन्त्री एटली ने अपने आश्वासन की पूर्ति का कार्य शुरू किया। उन्होंने भारत की समस्याओं को हल करने के लिए अपने मन्त्रिमंडल के तीन प्रमुख सदस्यों का एक मिशन भारत भेजा। इस दल को 'कैबिनेट मिशन' के नाम से जाना गया। इस मिशन की सबसे बड़ी विशेषता यह थी कि इसने भारत की अखंडता को बनाए रखने पर बल दिया। इस मिशन ने यह सुझाव दिया कि भारत एक संघ राज्य हो। विदेश नीति, सुरक्षा, यातायात आदि केन्द्र के अधीन हों। बाकी विषय प्रान्तों पर छोड़ दिया जाए। कई प्रान्त आपस में मिलकर समूह भी बना सकते हैं। जब तक एक पूर्ण संविधान नहीं बन जाता तब तक केन्द्र में एक अन्तरिम सरकार हो जिसमें सभी दलों के प्रतिनिधि रहें। यह प्रस्ताव कोई बुरा नहीं था। ब्रिटेन का यह अन्तिम प्रयत्न भारत के बँटवारे के पक्ष में नहीं था। लेकिन जब अपने ही लोग नादानी पर उतर आएँ तो कोई क्या करे। मुस्लिम लीग के अड़ंगों के कारण इस मिशन का कार्य आगे नहीं बढ़ सका। 12 अगस्त, 1946 को वायसराय ने पंडित नेहरू को अन्तरिम सरकार बनाने

का निमन्त्रण दिया। स्वतन्त्र भारत का संविधान बनाने का काम डॉ. अम्बेडकर को सौंप दिया गया। इसी समय से भारत में साम्प्रदायिक दंगों का भूचाल-सा आ गया। इसकी शुरुआत बंगाल में हुई। 16 अगस्त को अचानक ही बंगाल में लीग के सदस्यों ने हिन्दुओं की हत्या प्रारम्भ कर दी। नोआखली में बड़ी संख्या में हिन्दू मारे गए। उन पर हर प्रकार के अमानुषिक अत्याचार हुए। न जान सुक्षित रही न इज्जत !! माल की तो बात ही छोड़ो। बंगाल में हुई हत्याओं का बदला हिन्दुओं ने बिहार में लेना शुरू किया। जब गांधी जी को इन दंगों की खबर मिली तो वे नोआखली आए, वे बिहार भी गए। उस भीषण मारकाट के वातावरण में वे गाँव-गाँव घूमते फिरे। उनका उद्देश्य हिन्दू-मुसलमानों में मेल कराना था। जब तक वे कहीं रुकते, दंगा भी रुक जाता, मगर उनके पीठ फेरते ही दंगा फिर शुरू हो जाता। मैं विकट गांधीवादी हूँ और गांधी का जादू अपनी आँखों से देख चुका हूँ मगर यह कहने में मुझे जरा भी हिचक नहीं है कि यहाँ गांधी का जादू नहीं चला। जहाँ जाति की जाति पागल दरिन्दा बन जाए वहाँ एक देवदूत आखिर कर ही क्या सकता है ? दंगों को रोकने के कार्य में गांधी जी को स्वयं उनके ही अनुयाइयों का सक्रिय सहयोग नहीं मिला। सही बात तो यह है कि गांधी जी को छोड़ उस समय सभी नेताओं का ध्यान ब्रिटिश सरकार द्वारा शक्ति हस्तान्तरण की तरफ लगा था। मैं ऐसा सोचता हूँ कि उस समय भारत की आजादी की बात को एक तरफ रख यदि सभी की शक्ति साम्प्रदायिकता के दमन पर लग जाती तो शायद इस दानव पर काबू पाया जा सकता था। जैसे ही अंग्रेजों के भारत छोड़ने की बात उठती, कुछ निश्चय का समय आता मार-धाड़ और जोरों से चल पड़ती। मुस्लिम सम्प्रदाय को शायद हिन्दुओं पर जरा भी विश्वास नहीं था। उनका सोचना यह था कि अंग्रेजों के भारत छोड़ने से पहले जितना कुछ हथिया सको वही ठीक है। इनके चले जाने के बाद हमारी कौन सुनेगा। मैं उन्हें भी पूरा दोषी नहीं मानता। इसके पीछे दुर्भाग्य से पुराना अनुभव उनके साथ था जब कांग्रेस ने जोड़-तोड़ करके उन्हें शासन से दूर रखा था। एक गाँठ उनके मन में सदा के लिए पड़ गई और नासूर की तरह पकती रही।

जिन्ना ने लार्ड माउंटबेटन से कहा भी कि आपके चले जाने के बाद हम हिन्दुओं के रहम पर रह जाएँगे। इस समय तक भारत के आम मुसलमानों

को पाकिस्तान की कुछ समझ नहीं थी। भारत छोड़कर कोई और मुल्क भी उनके लिए हो सकता है इसकी वे कल्पना भी नहीं कर सकते थे। हाँ, समय-समय पर उनकी अज्ञानता, गरीबी और अशिक्षा का लाभ उठाकर उनकी धार्मिक भावनाओं को गलत ढंग से उभारा गया, उन्हें गुमराह किया गया। यह सब तो कुछ चोटी के नेताओं के अहं का नतीजा था जिसे गुंडों व दंगाई वर्ग ने कर दिखाया। मार-काट और दंगों ने बँटवारा निश्चित कर दिया। तुम्हें यह जानकर आश्चर्य होगा, शायद दुःख भी हो कि जिस बंगाल ने अपने विभाजन के प्रश्न पर अतुलनीय बलशाली ब्रिटिश सरकार को झुका दिया था वहीं से दोनों वर्गों ने बंगाल विभाजन का नारा बुलन्द कर दिया। दोनों ही वर्ग एक-दूसरे से इतना डर गए थे कि उनके विचार से अब उनका साथ रहना सम्भव नहीं था। इसलिए क्यों न हम सदा के लिए अलग हो जाएँ। तलवारों ने स्नेह-विश्वास की डोर सदा के लिए काट दी।

पंजाब भी साम्प्रदायिकता की आग में जलने लगा। बड़ी संख्या में सिक्ख और हिन्दू मारे गए। मुसलमान भी मारे गए। पंजाबियों ने भी पंजाब विभाजन का नारा बुलन्द कर दिया। इन दंगों की खबर सुनकर तथा कोई कारगर रास्ता न निकलने के कारण, ब्रिटिश सरकार ने अन्तिम प्रयास के रूप में लार्ड माउंटबेटन को भारत भेजा। सचमुच माउंटबेटन का काम बहुत ही कठिन था, यह मानना पड़ेगा। उन्होंने अलग-अलग सभी नेताओं से बातचीत की और जितनी जल्दी हो सके किसी-न-किसी निर्णय पर पहुँचने की कोशिश करने लगे। एक तरफ गांधी जी थे जिन्हें राजनैतिक समुद्र की लहर किनारे फेंक रही थी। दूसरी तरफ जिन्ना थे जो टूट जाने की हद तक अड़ियल थे। उन्होंने अपने दिल-दिमाग की खिड़कियाँ कभी न खुलने के लिए बन्द कर रखी थीं। उनकी सारी ताकत 'ना' कहने में थी। एक तरफ नेहरू थे राष्ट्रवादी, फिर भी, यूरोपियन संस्कृति पर मुग्ध स्वप्नदृष्टा, तो दूसरी तरफ थे सरदार पटेल जो कठोर यथार्थवादी होने के साथ ही भारतीय परम्परा के कट्टर पक्षधर भी थे। इनके अलावा हिन्दू और मुसलमान, दोनों ही तरफ असरदार साम्प्रदायिक नेता भी थे। दोनों ही हिन्दू या मुसलमान राष्ट्र का नारा दे रहे थे। माउंटबेटन ने अच्छी तरह समझ लिया कि यहाँ के साम्प्रदायिक दंगों को सदा के लिए दूर करना तो दूर इन्हें अब दबाया भी नहीं जा सकता। बात ठीक थी। साम्प्रदायिकता के नाग से डँसे सम्प्रदाय अब

किसी की बात समझने की हालत में नहीं थे। इन्हीं के साथ उस समय भारत में 565 राजे, महाराजे, नवाब और कुँअर थे जो देश के एक-तिहाई भू-भाग और दस करोड़ जनता पर निरंकुश राज कर रहे थे। माउंटबेटन ने समझ लिया कि कुछ भी अच्छा करना है तो उसे शीघ्र से शीघ्र कर देना होगा। लार्ड माउंटबेटन ने अपने आने के छह महीने के अन्दर ही भारत को दो भागों में बाँट, सत्ता भारत और पाकिस्तान—दो सरकारों को सौंप देने की योजना पूरी कर ली। 3 जून, 1947 को इसकी घोषणा भी कर दी।

लीग ने पहले पूरा पंजाब और पूरा बंगाल पाकिस्तान के लिए माँगा। यहाँ बड़ी संख्या में हिन्दू थे। माउंटबेटन ने इसे स्वीकार नहीं किया। आखिर जिन्ना कटा-फटा पाकिस्तान भी लेने के लिए राजी हो गए। कांग्रेस ने भी विभाजन को अनिवार्य बुराई के रूप में स्वीकार कर लिया। कांग्रेसी नेता इतने थक चुके थे कि अब आगे संग्राम चलाने को तैयार नहीं थे। उनके लिए यह कहा गया कि वे सत्ता के लालच में माउंटबेटन के बहकावे में आ गए। बहकावे की बात सच नहीं है, हाँ थकान की बात मानी जा सकती है, फिर एक और बात का भी तो डर था। अभी चर्चिल इंग्लैंड में बैठे थे। वो भारत को किसी प्रकार की शक्ति देने के सदा से विरोधी थे। अगले चुनाव में यदि मजदूर दल की सरकार हार जाए तो ? चर्चिल की कठोरता और अनेक वादाखिलाफियों को हम भुगत चुके थे। विभाजन के साथ स्वतन्त्रता स्वीकार कर लेने में चर्चिल के भय के भूत ने भी अपना पार्ट अदा किया।

हाँ, गांधी जी ने अन्तिम समय तक विभाजन को स्वीकार नहीं किया और इसे रोकने के प्रयत्न में लगे रहे। उन्होंने जिन्ना और नेहरू दोनों को समझाया। इन्होंने इस बात पर जोर दिया कि जिन्ना को संयुक्त भारत का प्रथम प्रधानमन्त्री बना दिया जाए। इस प्रस्ताव पर जिन्ना को तो विश्वास ही नहीं आया। क्या ऐसा भी हो सकता है ? इस प्रस्ताव को यदि कांग्रेसी नेता मान भी लेते तो हिन्दू राष्ट्र की माँग करनेवाला अतिवादी वर्ग कभी नहीं मानता। हो सकता है दंगों से अछूते भारत के दूसरे हिस्सों में कत्लेआम मच जाता। इन परिस्थितियों को देख-समझकर माउंटबेटन ने नेहरू, पटेल, जिन्ना तथा बलदेव सिंह के साथ बातचीत कर विभाजन का मसला तय कर दिया। माउंटबेटन पर भी यह दोष लगाया जाता है कि सत्ता हस्तान्तरण में उन्होंने जल्दबाजी की। मगर यह कोई उनका दोष नहीं है। उनकी जगह कोई होता

तो यही करता। साइमन कमीशन की असफलता के बाद या कुछ उससे पहले ही, ब्रिटिश सरकार यह समझ चुकी थी कि उसे भारत आज नहीं तो कल जिनका है उन्हें लौटाना पड़ेगा। भारत में उनका शासन, इंग्लैंड में आई.सी. एस. परीक्षा पास अंग्रेजों के बल पर चलता था। यह परीक्षा वहाँ 1939 में ही बन्द हो चुकी थी। भारतीय पुलिस में भी भर्ती बन्द कर दी गई थी। जो पुराने अंग्रेज आई.सी.एस. थे वे वृद्ध हो चुके थे और शेष इंग्लैंड लौट जाने के लिए बेचैन थे। विशाल भारत का प्रशासन इन अपर्याप्त साधनों से ज्यादा दिन तक चलाया ही नहीं जा सकता था। कुछ दिन रुक जाने पर भी तो कुछ लाभ होनेवाला नहीं था। अपने ही सिक्के तो खोटे थे।

बँटवारे की बातचीत या निर्णय में गांधी जी का कोई योगदान नहीं था। माउंटबेटन बहुत प्रखर बुद्धि के व्यक्ति थे। वे इस बात को अच्छी तरह समझ रहे थे कि गांधी जी के एक इशारे पर उनका किया-धरा सब खंड-खंड बिखर जाएगा। अब भी अन्तिम निर्णय गांधी जी के हाथ में था। इतने सारे परिवर्तनों के बावजूद साधारण जनता पर गांधी जी का जादू बरकरार था। जैसी माउंटबेटन को आशंका थी 4 जून, 1947 को उन्हें यह खबर लग गई कि आज शाम अपनी प्रार्थना सभा में गांधी जी जनता के सामने कांग्रेसी नेताओं से अपना सम्बन्ध तोड़ते हुए विभाजन के विरोध का ऐलान करेंगे। वे जनता को अपने साथ आने का निमन्त्रण देंगे। गांधी जी की उत्तेजना रहित आवाज और सीधी-साधी भाषा में वह ताकत थी कि जनता उनके पीछे चल पड़ती। गांधी जी के आन्दोलन के ढंग सदा ही नाटकीय रहे थे। पहले से लोग अनुमान भी नहीं लगा सके थे कि वे क्या करने जा रहे हैं। ऐसा ही कुछ इस बार भी होनेवाला था। कौन जाने वे जनता को क्या करने को कहते। मगर माउंटबेटन का अनुमान था कि रास्ता या ढंग कोई भी हो बहुत रक्त बहेगा। माउंटबेटन प्रार्थना सभा से पूर्व ही गांधी जी से मिलने में सफल हो गए। उस दिन प्रार्थना सभा में प्रार्थना के अलावा गांधी जी ने कुछ नहीं कहा।

मैं उस समय दिल्ली में ही था। मुझे गांधी जी के अनन्य भक्त श्री चाँदीवाला से मिलना था। प्रार्थना सभा में मुलाकात होनी थी। गांधी जी की विशेषता थी उनके चेहरे पर सदा खेलनेवाली जादुई मुस्कान। उस शाम वह मुस्कान न आने कहाँ खो गई थी। शायद गांधी जी मन ही मन हार गए थे

या कि मन ही मन कुछ और निर्णय ले रहे थे। उस समय तो कुछ पता नहीं चला। जून और जुलाई का पूरा समय उन्होंने बंगाल और बिहार के दंगा पीड़ित लोगों के बीच बिताया। नोआखली, नरकलडंगा के चौक में तिल रखने की जगह नहीं थी। हिन्दू-मुसलमानों की मिली-जुली भीड़ गांधी जी का इन्तजार कर रही थी। यह गांधी जी की अहिंसा का चमत्कार ही था, क्योंकि उन्हीं दिनों वहाँ से आठ सौ मील दूर पंजाब में दोनों कौमें एक-दूसरे को दरिन्दों की तरह नोच रही थीं। बंगाल में एक निहत्थे गांधी जी ने जो काम कर दिखाया वह काम पंजाब में 55,000 हथियारबन्द पेशेवर सिपाही भी नहीं कर सके थे। दिल्ली, अमृतसर, लाहौर, रावलपिंडी में लोग नफरत से पागल हो रहे थे। जो तादाद में ज्यादा और बलवान थे वे अपने से कमज़ोरों पर हमला कर रहे थे। यह कोई युद्ध नहीं था। यह गृहयुद्ध भी नहीं, और न यह छापामार युद्ध ही था। यह एक तरह से पागलपन का उबाल था। यह शायद दैवी प्रकोप था जो अचानक समाज पर टूट पड़ा था। इसने मनुष्य के सारे नैतिक बन्धनों को तोड़ डाला। मनुष्य के भीतर दबा पड़ा दानव अपनी पूरी ताकत से बाहर फूट पड़ा था। हर कत्ल के बाद एक और कत्ल होता और हर अफ़वाह के बाद एक दूसरी अफवाह फैलती। दूसरे विश्वयुद्ध के चार सालों में कुल जितने अमेरिकन मारे गए थे उसके आधे हिन्दुस्तानी कुछ ही दिनों में कत्ल हो गए।

15 अगस्त, 1947 का दिन आ पहुँचा। भारत का चिर प्रतीक्षित दिन। बारह बजे रात के बाद सत्ता हस्तान्तरण की औपचारिकता पूरी हो गई। पन्द्रह अगस्त शाम पाँच बजे इंडिया गेट के खुले मैदान में इतनी भीड़ थी कि नेहरू जी की गाड़ी झंडे तक पहुँचानी कठिन हो गई। झंडा फहराने के अलावा और कोई रस्म अदा नहीं हो सकी। जैसे ही नीचे से सरकता, फूल बिखेरता, बल खाता, खुलकर लहराता, तिरंगा ऊपर पहुँचा असंख्य कंठों का उल्लास वातावरण में गूँज उठा। उस उल्लास में लोग, 1857 के अत्याचार, जालियाँवाला की खूनी दास्तान, मार्शल लॉ का अपमान, गोली, लाठी और शहीदों की फाँसियाँ—और सारे दुःख दर्द भूल गए।

स्वतन्त्रता दिवस की उमंग में झूमती दिल्ली से दूर नोआखली में गांधी जी दंगाग्रस्त क्षेत्रों का दौरा कर रहे थे। बँटवारा हो चुका था। फिर भी छिटपुट मारकाट चालू था। हिन्दू और मुसलमान जनता अपने नए राष्ट्रों के

लिए आ-जा रही थी। जड़ से उखड़ जाने का अर्थ है धीरे धीरे मुरझा जाना। ज़माने से, पीढ़ियों से जमे हुए लोग नई जगह को चल पड़े थे। पीढ़ियों से एक साथ रहते आए लोग उखड़कर आँसू और खून में डूबी यादें लिए, बिना एक-दूसरे से सलाम दुआ किए, बिना गले मिले, बिना खुदा हाफिज कहे या जय राम-जी-की सुने, पाकिस्तान की तरफ भाग रहे थे या हिन्दुस्तान की तरफ। बँटवारा बहुत कठिन था। यह बँटवारा घर, जमीन, जायदाद, माल असबाब से लेकर इंसानों तक का होना था। सबसे अधिक उलझन और पीड़ा का सामना किया फौजी लोगों ने, विशेषतः मुसलमान फौजियों को यह तय करना था कि वे भारतीय फौज में रहेंगे या पाकिस्तानी फौज में, यह बड़ा कठिन था। यह ठीक वैसा ही था जैसे किसी बच्चे से पूछा जाए—तुम्हें माँ प्यारी या बाप ? इसका कोई उत्तर हो ही नहीं सकता। फौज के बहुत बड़े अफसर जो सभी माने में देशभक्त और वीर थे बड़ी गहन पीड़ा से गुजरे। लेफ्टिनेंट कर्नल हबीबुल्ला ने, जिनके पिता लखनऊ यूनिवर्सिटी के वाइसचांसलर थे और माँ पाकिस्तान की कट्टर समर्थक थीं, निर्णय लिया—"मैं इसी हिन्दुस्तान का हिस्सा हूँ...मैं यहीं रहूँगा।" परिवार के सभी सदस्य पाकिस्तान चले गए लेकिन माँ जो जिन्ना की पक्की समर्थक थीं बेटे के साथ भारत में ही रह गईं। याकूब खाँ अपनी बूढ़ी माँ को छोड़ पाकिस्तान चले गए। कुछ दिनों बाद पाकिस्तानी बटेलियन की अगुआई करते हुए उन्होंने कश्मीर की एक घाटी पर हमला किया तो उनकी टुकड़ी का मुकाबला गढ़वाल रेजिमेंट की जिस टुकड़ी ने किया उसका कमांडर भी मुसलमान था जिसने 1947 में याकूब से ठीक उल्टा फैसला लिया था। वह भी रामपुर का रहनेवाला था, उसका नाम यूनुस खाँ था...वह याकूब खाँ का बड़ा भाई था।

लाल किला

ऐसी ही तमाम घटनाएँ घटीं। राष्ट्र, परिवार और व्यक्ति सभी टुकड़े-टुकड़े होकर बिखर गए। बँटवारे का यह काम शान्तिपूर्वक होता तब भी

ठीक था। मगर दोनों वर्गों के पागल लोगों ने एक दूसरे को मार-मारकर, धन सम्पत्ति छीनकर, माँ, बहनों को लूटकर, बच्चों को काट-काटकर किया, और सदा के लिए अपने माथे पर कलंक लगा लिया।

यूँ तो प्रकाश ! स्वतन्त्रता की लड़ाई की यह कहानी यहीं समाप्त हो जानी चाहिए। नेहरू भारत के प्रथम प्रधानमन्त्री बने, जिन्ना पाकिस्तान के प्रधानमन्त्री और माउंटबेटन अपने घर लौट गए। कहानी को आगे बढ़ाने के लिए शायद अब कुछ बचा नहीं है। मगर ठहरो अभी कुछ ऐसा बच रहा है जिसके बारे में बताए बिना आज़ादी के संघर्ष की यह कथा कभी पूरी नहीं हो सकती। हिन्दुस्तान-पाकिस्तान विभाजन की क्रिया अभी चालू थी। इन्हीं दिनों पाकिस्तान की किसी हरकत से नाराज होकर स्वतन्त्र भारत के प्रथम गृहमन्त्री सरदार पटेल ने पाकिस्तान को दिए जानेवाले पचपन करोड़ रुपए रोक लिए। गांधी जी के विचार से यह पाकिस्तान को दिया जाना चाहिए था। स्वतन्त्रता की शुरुआत में ही भारत बेइमानी क्यों करे ! इस मुद्दे को लेकर गांधी जी ने आमरण अनशन का ऐलान कर दिया। अब कोई चारा नहीं था। भारत ने वह धन पाकिस्तान को दे दिया ! भारत के अतिवादी हिन्दू राष्ट्र के पक्षधर गांधी जी की इस क्रिया से बेहद नाराज हुए।

पाकिस्तान को धन दिया जा चुका था। लेन-देन भूल-चूक माफी की स्थिति आ चुकी थी, गांधी जी अभी तक चुप थे। आगे उनका क्या कार्यक्रम है ? स्वतन्त्र भारत में कांग्रेस और राजनीति से नाता तोड़ लेने के बाद वे अपने को किस काम में लगाने वाले हैं, लोग अटकल तक नहीं लगा पा रहे थे कि अचानक गांधी जी की एक घोषणा से हिन्दू, मुसलमान, आम जनता तथा हिन्दुस्तान-पाकिस्तान के शासक सभी चौंक पड़े। अपने लम्बे संघर्षमय जीवन में गांधी जी ने अपनों को और परायों को भी कई बार चौंकाया था। मगर यह घोषणा तो बिल्कुल अप्रत्याशित थी। कुछ लोगों के विचार से यह अति अव्यावहारिक थी। गांधी जी ने घोषणा की कि वे 15 फरवरी 1948 से पहले ही पाकिस्तान की पद यात्रा पर जाएँगे। इस यात्रा की अनुमति जिन्ना ने दी। वे उन गली-सड़कों को अपने कदमों से नापना चाहते थे जिन पर उनके अपनों ने भय, पीड़ा, अपमान और मृत्यु की अकल्पनीय हैवानियत को झेला था। तीन फरवरी को दिल्ली छोड़ वे दस दिन अपने वर्धा आश्रम में रहनेवाले थे ताकि अनशन से थके अपने बूढ़े शरीर व बिवाई फटे पाँवों

को यात्रा के योग्य बना सकें।

इस यात्रा से कुछ फल निकलने वाला था क्या ? क्या हिन्दुस्तान-पाकिस्तान फिर से एक हो जाते ? या कि पाकिस्तान पहुँच वे भारत पर और दबाव डालनेवाले थे ? कौन जाने गांधी जी क्या करते। फिर भी इतना अनुमान तो लगाया ही जा सकता है कि बेशक दो टुकड़े एक न भी हो पाते परन्तु दोनों के बीच नफरत की धुन्ध तो कम हो ही सकती थी। अलग रहकर भी तो प्रेम से रहा जा सकता है। फिर अभी सीमा पर उनके सहयोगी, मित्र और अनन्य भक्त अब्दुल गफ्फार खाँ अलख जगाए, गांधीवाद की डोर पकड़े बैठे थे। दो छोरों का मिलन कुछ-न-कुछ तो करता ही। किसी मित्र पर अपने को मिटा देना उतना कठिन नहीं है जितना कि ऐसा मित्र पा लेना जिस पर अपना सब कुछ लुटाया जा सके। सीमान्त गांधी इस माने में सौभाग्यशाली थे कि उन्होंने गांधी जी के विश्वास व मित्रता को प्राप्त किया। कौन जाने गांधी जी कुछ अनोखा चमत्कार ही कर दिखाते। अब तो केवल अनुमान ही लगाया जा सकता है।

पाकिस्तान यात्रा की कौन कहे, गाँधी जी वर्धा आश्रम तक नहीं पहुँच पाए। 30 जनवरी 1948, शाम पाँच बजकर सत्रह मिनट पर उनके जीवन यात्रा का पड़ाव आ गया। प्रार्थना सभा कीं तरफ जाते हुए गोलियाँ चलीं; जिसे उन्होंने 'राम नाम' की माला की तरह छाती पर सजा लिया। देखो ! जब किसी की अच्छाई या बुराई हमारी सहनशक्ति के बाहर पहुँच जाती है तब हम उस ताकत को ही खत्म कर देना चाहते हैं। जब हम किसी से हार जाते हैं तब उसे मार डालना चाहते हैं। ठीक यही मनोवृत्ति हिन्दू अतिवादी विचारधारा के लोगों में काम कर रही थी। गांधी जी की ताकत हिन्दू अतिवादियों के बस के बाहर की बात थी। उनके लिए समस्या का यह अन्तिम समाधान था। अहिंसा और प्रेम का पुजारी 606 824-पी. नम्बरवाली पिस्तौल से सदा के लिए सुला दिया गया।

सोचा था आज थोड़ा और लिख भेजूँगा। मेरे पास भी तो अब बहुत कम समय है। मगर नहीं, अब और नहीं। तीन गोलियों से सजी खुली छाती के सिवा अब और कुछ दिखाई नहीं पड़ रहा है।

गीतों की गूँज

मैं चाहता हूँ कि इस पत्र में मैं तुम्हें उस साहित्य तथा उन साहित्यकारों के बारे में लिखूँ जिन्होंने अपनी कलम से साम्राज्यवाद पर चोट की। लेकिन अब जब लिखने बैठा हूँ, कठिनाई सामने आ पड़ी है। आज देख रहा हूँ कि मेरे संग्रह को समय की मार ने धूमिल कर दिया है। कुछ खो गए हैं, तो कुछ पर चूहों ने अपने दाँतों की अच्छी आजमाइश की है। उत्तर भारतीय होने के कारण हिन्दी, उर्दू की ही पंक्तियाँ याद हैं। फिर भी...कोशिश करता हूँ।

1920 से पहले स्वतन्त्रता आन्दोलन का साहित्य भारतीय पत्रकारों के हाथ में रहा। लेख, आलोचना, बयान, तर्क और युक्तियुक्त निष्कर्षों का साहित्य जगत में बोलबाला रहा। राष्ट्रीयता की भावना महानदी की उफनती धारा के समान सभी को अपने संग बहा ले चली। फिर साहित्यकार, गीतकार तो सामान्य जनों से कुछ ज्यादा ही भावुक होते हैं। इसी कारण हर भाषा के, हर स्तर के रचनाकारों ने इस विषय पर कुछ-न-कुछ अवश्य लिखा। इनमें गाँधी जी से प्रभावित लोग तो थे ही, विप्लव गीत लिखनेवाले भी कम न थे। इस कालखंड में गीतकार छाए रहे। उनके गीत जन-जन के ओंठों पर मचलते रहे।

असम के रघुनाथ चौधरी, प्रवीण फुकान के गीत तथा हजारिका के नाटकों ने असमवासियों में राष्ट्रीय भाव उभारने का अच्छा काम किया। उड़ीसा के गोप बन्धु दास के, 'बन्दीर गीत' उड़ीसा के बाहर भी गाए जाते थे। तमिल के नामक्कल रामलिंगम पिल्ले का चरखा गीत तथा संग्राम गीत घर-घर गाया जाता था। आन्ध्र के साहित्यकारों ने दीन-दलित किसान-मज़दूरों की बेहतरी के लिए कलम चलाई। केरल में कट्टर हिन्दुत्व का वातावरण होते हुए भी वहाँ के साहित्यकारों ने अछूतोद्धार को अपना विषय बनाया। जी. शंकर कुरूप तथा वल्लत्तोल नारायण मेनन को अपनी रचनाओं के लिए अपने ही भाइयों से काफ़ी प्रताड़णा प्राप्त हुई। गुजरात तो गांधी जी की कर्मभूमि

ही थी। के.एम. मुंशी, महोदव देसाई, काका कालेलकर तथा स्वयं गांधी जी इसके महान लेखक रहे हैं। इनके अतिरिक्त हंसा मेहता, विनोदिनी नीलकंठ, हीरा बेन, पिनाकिन त्रिवेदी आदि ने भी अच्छी रचनाएँ कीं। बंगाल और महाराष्ट्र राष्ट्रीय आन्दोलन के हर पक्ष में सबसे आगे रहे हैं। हमारे दोनों ही राष्ट्रीय गीत बंगाल की देन हैं। दोनों ही प्रान्तों में अहिंसा से अधिक सशस्त्र क्रान्ति का ज्यादा जोर रहा। बंगाल ने शीर्षस्थ साहित्यकार दिए तो जनमानस में बस जानेवाले जन-गीतकार भी। रजनीकान्त का एक गीत उन दिनों बहुत मशहूर था—

मायेर देवा मोटा कापड़
माथय तुले नने भाई
दीन दुखिनी माँ जे तो देर
तार वेशी आर साध्य नाई

अर्थात् माँ का दिया मोटा कपड़ा ही माथा नवाकर श्रद्धा से स्वीकार करो। तुम्हारी माँ गरीब है न, इससे ज्यादा इसकी सामर्थ्य नहीं है।

वीर सावरकर की अंडमान जेल में बैठकर लिखी कविताओं का संग्रह, 'वैनायक वृत्त लिखी' बहुत प्रसिद्ध हुआ।

हिन्दी और उर्दू के साहित्यकार भी किसी से पीछे नहीं रहे। हिन्दी भें भारतेन्दु से लेकर प्रेमचन्द व माखनलाल चतुर्वेदी तक सभी छोटे-बड़े रचयिताओं ने अहिंसा, अछूतोद्धार, नारीमुक्ति व झंडा गीत को अपना विषय बनाया। मैं उत्तर भारतीय हूँ न, इसी कारण आज तक उनकी कुछ-कुछ पंक्तियाँ मेरी जबान पर हैं—

यह बात गलत है कि मुल्के इस्लाम है हिन्द,
यह झूठ है कि मुल्के लछमनो-राम है हिन्द,
यूरोप के लिए बस एक गोदाम है हिन्द

—अबकर इलाहाबादी

हमारे वास्ते जंजीर तौक गहना है,
वफ़ा के शौक से हमने इसे पहना है।

—ब्रज नारायण 'चकबस्त'

भारत के सब रहनेवाले,
कैसे गोरे कैसे काले।

हिन्दू मुस्लिम झगड़े पाले,
पड़ गए जिससे जान के लाले
काहे का यह बैर।

—अज्ञात

हिन्दू-मुस्लिम एकता की भावनाओं को उभारने का काम उर्दू गीतकारों ने बड़े मनोयोग से किया। बहुत बाद तब इस एकता की गूँज उर्दू शायरी में सुनाई पड़ती रही।

सर फरोशी की तमन्ना अब हमारे दिल में है,
देखना है ज़ोर कितना बाजुए क़ातिल में है।

राम प्रसाद बिस्मिल की ये पंक्तियाँ उन दिनों हर जवाँ दिल का अरमान थीं। उन दिनों स्थानीय छोटे-छोटे गीतकारों के गीत बहुत प्रसिद्ध हुए। हर सभा, सम्मेलन और जलूसों में लोग उन्हें गाते थे।

वैसा ही एक गीत यह है—

विजयी विश्व तिरंगा प्यारा,
झंडा ऊँचा रहे हमारा।
सदा शान्ति सरसानेवाला,
प्रेम सुधा बरसानेवाला।
वीरों को हरषानेवाला,
मातृभूमि का तन मन सारा
झंडा ऊँचा रहे हमारा

—अज्ञात

जो उतरेगा आज युद्ध में,
वही शूर मर्दाना,
रण भेरी बज चुकी वीर वर,
पहनो केशरिया बाना।

—अज्ञात

कवि रमेश गुप्ता की ये पंक्तियाँ तो आज भी बेमिसाल हैं—

साबरमती से चला सन्त एक,
अहिंसा का ब्रतधारी।
काँधे कमरिया हाथ में लाठी,

एक लंगोटी धारी।
जेल को जिसने तिरथ बनाया,
अहिंसा का व्रत धारी।

लोक-जीवन बहुत ही भाव-प्रवण होता है। उसके उजले दर्पण में अच्छी-बुरी सभी परिस्थितियाँ बड़ी सहजता से झलकती हैं। इसीलिए उन दिनों सामान्य लोक गीतों में भी हम गांधी जी के प्रभाव को देख सकते हैं। तमाम गीत गाए जाते थे। अब तो मुझे कुछ याद नहीं। हाँ, उन्हीं दिनों बलिया के एक गाँव में मैं बारात के संग गया था। तब औरतों को ढोलक पर कुछ गीत गाते सुना था। इसकी रचयिता वे अपढ़ भोली औरतें ही थीं। आज भी उसकी दो-तीन पंक्तियाँ मुझे याद हैं–

चलो देख आईं, सुराजी बन्ना कैसा सजा,
चलो देख आईं।
बन्ने के सिर पर टोपी सोहे,
पटका पर देखो तिरंगा छपा।
चलो देख आईं।

दूसरा गीत है–

एक छोटी चवन्नी चाँदी की
जय बोलो महात्मा गाँधी की।

तीसरा गीत है–

चरखे की ले लूँ बलैया
सखी सूत कातन चलेंगे।
सास मेरी कातें, ननद मेरी कातें,
सबसे महीन कातें सइयाँ,
सखी सूत कातन चलेंगे।

इस तरह के तमाम गीत बने और लोगों ने गाए, विवाह-गीत, यात्रा-गीत, सोहर, बन्ना, चलती, जाँता-गीत सभी में राष्ट्रीय आन्दोलन प्रतिबिम्बित हो उठा। यही नहीं भीड़-भाड़ भरे नगरों से दूर बीहड़ प्रान्तों में रहनेवाले आदिवासी भी अछूते नहीं रहे। मध्यप्रदेश के आदिवासियों का प्रसिद्ध क्षेत्र बस्तर में गाए जानेवाले गीत की दो पंक्तियाँ सुनो–

भारतवासी आभी सबे, भारत आमचो देस,
खादी टोपी, खादी कुड़ता बनाऊ आमचो भेस।
होऽऽ बनाऊँ आमचो थेस, छरे, छेर, छेरेरे।

नामी साहित्यकारों की रचनाएँ तो सरकार छपते ही जब्त कर लेती थी, मगर जब औरतें ढोलक बजाकर वही गीत गाने लगीं तो सरकार कर ही क्या सकती थी।

मैंने इन गीतों का उदाहरण इसलिए दिया है कि तुम लोग यह अच्छी तरह समझ लो कि राष्ट्रीय आन्दोलन में हर वर्ग, हर तबके, हर सामर्थ्य के लोगों ने अपना सहयोग दिया। सभी फाँसी नहीं चढ़े, न ही सभी जेलों में गए। सभी जुलूसों में भी नहीं गए और न ही सबने भाषण दिए, हाँ सभी का मानसिक सहयोग जरूर रहा। जब देश का अदना-से-अदना व्यक्ति किसी ध्येय के लिए उठ खड़ा हो, फिर उस जाति के लिए कुछ भी असम्भव नहीं होता।

आज़ादी का एलबम

आज अपने इस पत्र द्वारा तुम्हें कुछ ऐसे खंड-चित्र भेज रहा हूँ जिससे तुम्हें स्वतन्त्रता संग्राम के बीच झिलमिल करते त्याग, विनोद और बलिदान के कुछ प्रसंग मालूम हो सकेंगे। निश्चय ही ये चित्र तुम्हारा मन मोह लेंगे। ऐसे ही असंख्य प्रसंग इस नब्बे वर्ष के युद्धकाल में बिखरे पड़े हैं। तुम चाहो तो इन अनमोल प्रसंगों का शतलड़ी हार पिरो सकते हो। आवश्यकता जिज्ञासा और अध्ययन की है। तो सुनो...।

हमारे राष्ट्रीय ध्वज की प्रथम कल्पना और चरखे को अज्ञातवास से बाहर निकालने का कार्य महिलाओं ने पूरा किया। यहं 1907 का ज़माना था। राष्ट्रीय चेतना जागृत हो चुकी थी। विदेशों में रहनेवाले भारतीय भी प्रयत्नशील हो चुके थे। इसी वर्ष पश्चिम जर्मनी के स्टुगार्ट शहर में अन्तर्राष्ट्रीय सोशलिस्ट कान्फ्रेंस होनेवाली थी। इसी कांफ्रेंस में मैडम कामा नामक पारसी महिला ने भारत के लिए अलग ध्वज फहराया। उनका यह साहस देख सभी दंग रह गए। तीन रंगों का यह झंडा चरखे के बाद चक्र धारण कर आज हमारा राष्ट्रीय ध्वज है।

यहाँ भारत में भी एक घटना घटी। 1907 से पूर्व महात्मा गांधी ने भी न चरखा देखा था न करघा। 1915 में जब वे अफ्रीका से भारत लौटे, तो उनके अन्तःमन में यह बात थी कि हमें स्वावलम्बी होना है, साथ ही व्यापार में अंग्रेजों के एकाधिकार को तोड़ना है। उन्होंने निश्चय किया कि हमें अपने कपड़े स्वयं ही बनाने पड़ेंगे। वर्धा में आश्रम खोलकर करघा बिठाया मगर सूत तो मिल से ही आता था। गांधी जी के हाथ सूत कातने को अधीर हो उठे ! मगर कैसे ? न चरखा मिलते था न चरखा चलानेवाला। उनसे जो भी मिलता वे उससे चरखे के बारे में पूछते। लोग गांधी जी की इस दीवानगी पर हँसते।

कातने का काम तो स्त्रियों का था। कोने-अन्तरे में उपेक्षित पड़ी कतार जाननेवाली बूढ़ी स्त्रियाँ तो किसी नारी को ही मिल सकती थीं। 1917 में भड़ोच में उनकी मुलाकात विधवा गंगाबाई से हुई। बहुत कम पढ़ी-लिखी, मगर महा साहसी इस महिला से गांधी जी ने अपना दुःख बताया। उन्होंने गांधी जी से कहा, अपने दुःख मुझे दे दो, और चरखे की खोज में निकल पड़ीं। बहुत भटकने के बाद गंगाबाई को बीजापुर में चरखा के दर्शन हुए। वहाँ अनेक परिवारों में चरखे थे मगर सब कूड़ा समझ टाँड़ों पर फेंक दिए गए थे। उनके दिन फिरे, उन्हें उतारा गया, दुरुस्त कर चलाया गया। चरखे चले तो चल ही पड़े और पूरे राष्ट्रीय स्वतन्त्रता संग्राम में इनका संगीत कभी धीमा नहीं पड़ा।

यहीं एक प्रसंग और सुन लो। गांधी जी भी कम मसखरे नहीं थे। उन दिनों करघा पर 30 इंच पनहे के कपड़े ही बन पाते थे। सरल-हृदया गंगाबाई को चेतावनी दे दी कि यदि एक महीने के अन्दर मुझे 45 इंच पनहे की खादी नहीं मिली तो मैं मिल की धोती छोड़ खादी के मोटे कपड़े की जाँघिया ही पहनकर रहूँगा। बेचारी गंगाबाई परेशान। उन्हें मालूम था कि हँसी-मजाक में कही इस बात को गांधी जी व्यवहार में उतार देंगे। वो अन्त्यज भाई रामजी और उनकी पत्नी गंगा बहन को ढूँढ़ लाई। दोनों ने मिलकर महीने भर के अन्दर ही 45 इंच की महीन धोती का एक जोड़ा गांधी जी को भेंट कर दिया। जरा सोचो तो यह धोती उन्हें समय के अन्दर न मिलती तो हम उन्हें जाँघिए में ही देखते।

मैंने तुम्हें स्वतन्त्रता संग्राम के बारे में लिखा। तुमने यह अनुभव किया होगा कि मैंने लोगों के नाम नहीं गिनाए हैं, यहाँ तक कि कस्तूरबा का भी नहीं। मैं सोचता हूँ कस्तूरबा के बिना हमारे राष्ट्रीय आन्दोलन का क्या होता ? सहज बुद्धि, स्नेही माँ और पूर्ण अनुगामिनी का रूप ले वे गांधी जी के पीछे खड़ी थीं। उनके अद्वितीय व्यक्तित्व की जानकारी गांधी जी को भी थी। गांधी जी ने अछूत समस्या को लेकर आमरण उपवास का ऐलान किया। तब मीरा बेन, जो उन दिनों कस्तूरबा के साथ थी, ने गांधी जी को कस्तूरबा की चिन्ता के बारे में लिख भेजा। गांधी जी ने मीरा बेन को उत्तर में दो पंक्तियाँ लिखीं--''बॉ से कहना यह कोई नई बात तो नहीं। इसके अलावा मैंने उसे

दिया ही क्या ? मैंने उसे ऐसे जीवनसाथी के हवाले कर दिया है जिसके साथ रहना केवल उसी के बस की बात है।'' बॉ की इससे बड़ी प्रशंसा और क्या हो सकती है।

कभी-कभी ऐसी घटनाएँ घटती हैं जिन पर विश्वास करना कठिन हो जाता है। विश्वास हो या न हो ऐसी घटनाएँ आए दिन घटती ही रहती हैं। ऐसी ही एक घटना 1907 में घटी। यह वह समय था जब ब्रिटिश शासन की सीधी मार पत्रकारिता पर पड़ रही थी। साहित्यकारों की रचनाएँ प्रतिबन्धित हो रही थीं। इसी समय कवि इकबाल की 'तराना-ए-हिन्द' ज़ब्त हो चुकी थी। उन्हीं दिनों 'संध्या' नामक एक पत्रिका निकला करती थी। सम्पादक ब्रह्माबान्धव उपाध्याय पूरी तरह साधु पुरुष थे। उन्हें कैद कर लिया गया। उन्होंने कोई सफाई देने से इंकार कर दिया, कहा कि मुझे कोई जेल में नहीं डाल सकता, फाँसी भी नहीं दे सकता, मैं संन्यासी हूँ। और सच ही जेल जाने से पूर्व वे हवालात में ही मर गए। कौन जाने, यह उनकी मानसिक शक्ति का करिश्मा तो नहीं था ?

अब कुछ बात तुम बच्चों की क्यों न बताऊँ। तुम लोगों को अच्छा लगेगा न ?

13 दिसम्बर, 1939 अंग्रेजों के लिए एक महत्त्वपूर्ण दिन था। उस दिन ब्रिटिश सम्राट जार्ज पंचम का राजतिलक जो हुआ था। लखनऊ के गुप्तचर विभाग को यह सूचना मिली कि आज डाकघर के सामने खड़ी जार्ज पंचम की संगमरमर की मूर्ति पर तारकोल पोता जाएगा। गुप्तचर सजग हो गए। श्री बाबूराम रस्तोगी को तारकोल पोतने के प्रयास में ही पकड़ लिया गया।

यह दृश्य लाल बाग की तरफ जाते हुए कुछ लड़कों ने देखा। वे न जाने कहाँ से तारकोल ले आए। विक्टोरिया पार्क पहुँचे। जमकर महारानी विक्टोरिया की मूर्ति पर तारकोल पोता और 'इंकलाब जिन्दाबाद' के नारे लगाने लगे। जब तक पुलिस आती बच्चे ये जा वो जा। न जाने कौन थे ये नन्हे-मुन्ने।

एक ऋषि एक नदी के किनारे बैठ वर्षों तपस्या करते रहे। तपस्या पूरी होने पर पता चला यह तो गंगा नहीं है। फिर भी स्वर्ग में उन्हें वे ही पुण्य प्राप्त

हुए जिसे वे गंगा किनारे बैठ तपस्या करने पर प्राप्त करते।

ठीक ऐसे ही एक प्रसंग के बारे में तुम्हें बता रहा हूँ। 1930 के करीब मदनमोहन हरदत्त नामक व्यक्ति भारत की आजादी के लिए काम करने के लिए चुपके-चुपके बार्डर पार कर रूस जा पहुँचे। मगर दुर्भाग्य से वे वहाँ पकड़ लिए गए और ब्रिटिश जासूस करार देकर साइबेरिया के कैदखाने में भेज दिए गए। वहाँ 18 वर्ष सजा काटी। 1948 में छूटे और फिर गिरफ्तार कर लिए गए। फिर आया ख्रुश्चेव का जमाना जिन्होंने हजारों कैदियों को रिहा किया। उन्हीं में आप भी छूटे। भारत आजाद हो चुका था। आपने भारत लौटने का प्रयत्न किया। नेहरू जी की सहायता से आप मई 1956 को देश लौट सके।

गांधी जी के तीन बन्दर बहुत प्रसिद्ध हैं। जो कहते हैं, न बुरा देखो, न सुनो और न बोलो। सत्य की खोज में निकले इस सन्त ने संसार में बिखरे आदर्शों को चुन-चुनकर अपने व्यक्तित्व को सँवारा। मौलाना रूमी के एक शेर को अपने जीवन में पूरी तरह उतार लिया—

लब बिबन्दो, चश्म बन्दो, गोश बन्द
गर नबीनी सिररे हक बरमा बिखन्द।

अर्थ है—अपने ओंठ बन्द रख, आँख बन्द रख, कान बन्द रख, इसके बाद भी यदि तू सत्य के गूढ़ तत्त्व को न समझ सके तो मुझ पर हँसना।

गांधी जी ने शायर रूमी पर हँसने का मौका ही नहीं दिया। तीन बन्दरों की मूर्ति उनके लिए छत्तीस कोटि देवताओं की मूर्ति बराबर रही।

यह समझना बड़ा गलत होगा कि जान हथेली पर लेकर घूमनेवाले युवा क्रान्तिकारी स्वभाव के बड़े रूखे या गम्भीर हुआ करते थे। इसके विपरीत वे बड़े मस्त जीव थे। जब सिर पर कफन बाँध ही लिया तो रोना किस बात का। महान शहीद भगतसिंह भी ऐसे ही थे। एक बार उनके पिता ने उन पर जोर डाला कि तुम विवाह कर लो पर वे इंकार करते रहे। जब पिता ने बहुत जोर डाला तो उन्होंने कहा, अभी तो विवाह के लिए मैं छोटा हूँ। फिर क्या था। सरदार जी को गुस्सा आ गया। उठाई लकड़ी और शुरू हो गए, दे दना-दन और बकते जाते थे—"सारी खुराफातों के लिए तेरे पास अकल है

बस शादी के लिए कमसिन है"—और साथ में बरस रही थीं एक से एक उच्च कोटि की गालियाँ। भगतसिंह चुपचाप पिटते रहे। बाद में वे बड़ी शान से अपने शरीर पर पड़ी नीली धारियों को अपने दोस्तों को दिखाते फिरे। दोस्त देखकर दंग रह गए। सुदृढ़ गोरे शरीर पर तिरछी नीली धारियाँ भगत को चीता का रूप दे रही थीं। उन्होंने कहा, "चलो यार अच्छा हुआ...यह एक अच्छा रिहर्सल हो गया...साले अंग्रेज पीटेंगे तो असर ही नहीं होगा।"

9 अगस्त, 1925, काकोरी के निकट 8 डाउन ट्रेन के सरकारी खजाने को क्रान्तिकारियों ने लूट लिया। क्रान्तिकारियों के हाथ कुल 8600 रुपए लगे। कुछ पैसे तो कर्ज चुकाने में खर्च हो गए। शेष रकम लेकर शचीन्द्रनाथ बख्शी और राजेन्द्र लाहिड़ी 'माउजर' पिस्तौलों की खरीद के लिए कलकत्ते पहुँचे।

पहले से ही सारी बातें तय थीं। जर्मनी का जहाज, समुद्र तट से तीन मील दूर खड़ा था। शचीन्द्रनाथ बख्शी ने बंगाल की खाड़ी में तैरकर तीन मील पार किया। पिस्तौलों की डिलीवरी ली।

इसी खेप में लाई गई पिस्तौल से 18 दिसम्बर, 1928 को राजगुरु ने लाहौर में साण्डर्स की खोपड़ी चूर कर दी। इसी खेप में लाई पिस्तौल 27 फरवरी 1931 तक क्रान्तिकारियों के सरताज, अमर शहीद चन्द्रशेखर 'आजाद' का साथी रही। अन्तिम गोली स्वयं आजाद की खोपड़ी को पार कर चुप उनके साथ ही लेट गई।

अगस्त 1942 का समय। सरकार ने हिन्दू विश्वविद्यालय के प्रोफेसर राधेश्याम शर्मा की खोज के लिए भारी इनाम घोषित किया। वे पकड़ लिए गए। लखनऊ सेंट्रल जेल भेज दिए गए। वहाँ उनकी मुलाकात अनेक बन्दियों से हुई। उनमें से एक अलगू राय शास्त्री भी थे। दोस्ती हो गई।

शास्त्री जी रोज शर्मा जी का खुशबूदार कैन्थ्राइडिन हेयर ऑयल इस्तेमाल करने लगे। बालों में लगाते सो लगाते ही, सारे शरीर में चुपड़ लेते। शर्मा जी तंग आ गए।

एक दिन अलगू राय जी को तेल कुछ गाढ़ा-सा लगा। बेचारे भोले व्यक्ति, सोचा नया है, इसलिए गाढ़ा है। थोड़ी देर बाद ढेरों मक्खियाँ मँडराने लगीं। माजरा क्या है ? मुँह में उँगली डाली तो मीठी।

"अरे यह तो शहद है ! मार डाला शर्मा ने।" शास्त्री जी शर्मा जी की तरफ लपके। शर्मा जी भाग चले। अब आगे-आगे शर्मा जी पीछे-पीछे बकते-झकते शास्त्री जी। दो प्रौढ़ों की इस चुहलबाजी का आनन्द जेल के कैदी, वार्डन सभी ने उठाया।

एक बार गांधी जी प्रयाग गए और नेहरू परिवार के पास रुके। उनका नियम था कि सबेरे मुँह-हाथ धोने में बस एक लोटा पानी खर्च करते थे। उस दिन पानी कुछा ज्यादा गिर गया। पानी ज्यादा खर्च हो जाने का अफसोस गांधी जी ने जाहिर किया।

नेहरू जी ने हँसकर कहा—"दुख क्या है बापू आप तीन नदियों के देश प्रयाग में बैठे हैं। पानी की कमी नहीं है।"

गांधी जी ने कहा, "तुम भूलतें हो गंगा, जमुना, सरस्वती केवल मेरे लिए नहीं बहतीं। इन पर असंख्य लोगों का भी अधिकार है।"

अब मैं तुम्हें एक ऐसी बूढ़ी औरत के बारे में बताता हूँ जो सत्तर पार कर चुकी थीं और कानों से बहुत कम सुनती थीं। मैं अपने गाँव गया था। उन्हीं दिनों छुआछूत दूर करने के उद्देश्य को लेकर नेहरू जी भारत का तूफानी दौरा कर रहे थे। उन्हें सुनने और देखने के लिए लोग उमड़े पड़ रहे थे। वे बिहार भी आए। जिस परिवार में मैं टिका था वह पूरा परिवार भी भाषण सुनने के लिए तैयार हो गया। बूढ़ी दादी भी जाने को तैयार हो गईं। कुछ सुन तो पाती नहीं थीं, कोई कुछ क्या समझाता। खैर गईं। लौटकर आईं तो सभी को पकड़-पकड़कर पूछती फिरीं—यह कौन देश का राजकुमार है ? किसने इसे बनवास दिया है ? कौन रानी है ऐसी ? हाय-हाय कैसा फूल-सा राजकुमार है। फिर उस काल्पनिक रानी को जी भर गालियाँ देतीं। फिर शुरू होता राजकुमार के लिए आशीर्वादों का दौर। वे सभी से पूछती फिरीं कि यह बनवास के लिए किस जंगल में जा रहा है ? अकेला क्यों है, कोई भाई साथ क्यों नहीं जाता ? कै बरस बाद लौटेगा ? तमाम प्रश्न। उत्तर कौन दे ? वे समझनेवाली तो थीं नहीं। इशारों से जितना हो सका समझा दिया गया। बहुत दिनों तक जब भी उन्हें याद आता वे रानी को चुन-चुनकर शाप देतीं। बनवास से लौटते राजकुँवर के दर्शन वे अपने जीवन में फिर नहीं कर सकीं।

1920 से लेकर 1947 तक ऐसा वातावरण रहा कि कोई दिन ऐसा नहीं जाता जब नगरों-कस्बों में कोई मीटिंग, सभा, भाषण जैसा आयोजन न होता हो। उन्हीं दिनों बनारस तथा उसके आसपास एक भिखारी घूमा करता था। नाम था सुखू। मगर सुख उसके भाग्य में था नहीं। विचित्र डील-डौल वाले काले, सूखे, मटकी-सी छोटी तोंद, चपटी नाक और कुछ लँगड़ी टाँग लिए उसे सदा से भीख माँगते ही देखा गया। परन्तु उसकी स्मरण शक्ति बड़ी तेज थी। अब वह गली-कूचों में भीख नहीं माँगता। जहाँ भी सभाओं का आयोजन होता पहुँच जाता, कम-से-कम जूते-चप्पलों की रखवाली करता खाने भर को कुछ-न-कुछ पा जाता और एकाग्रचित्त हो भाषण सुनता। वहाँ से लौटकर लोगों को भाषण के अंश सुनाता। मटकी-सी निकल आई बड़ी तोंद को नंगा कर वह अपने ही हाथों उसे तबला-सा बजाते हुए नेताओं के भाषणों की हूबहू नकल कर सुनाने लगता। फिर क्या था सुखीराम की तो चाँदी हो गई। जिसे कभी घर की ड्योढ़ी पर चढ़ने नहीं दिया जाता था उसे ही घरों के दरवाज़ों की ओट से औरतें आवाज देतीं—सुखू—सुखुआ—अरे सुखा भइया इहाँ आवों। सुखूराम आँगन में जा बैठते, वह भी पटे पर। औरतें घिर आतीं। सभा का हाल सुनतीं। कौन नेता आया, क्या कहा, सब पूछतीं। भाषण के संगीतमय अंश सुनतीं। सुखूराम हलवा-पूड़ी उड़ाते। शरीर पर साफ चादर लिपट जाती, सदा बाहर निकसी पड़ी तोंद छिप जाती। जैसे ही भाषण सुनाने का समय आता सूखा भाई चादर फेंक तोंद बाहर निकाल लेते। सूखा भाई खुद प्रचार अधिकारी बन गए।

अन्तिम पत्र

अपनी समझ, अपनी याददाश्त और अपनी कूवत भर मैंने तुम लोगों की माँग को पूरा कर दिया है। मेरा पिछला लिफ़ाफ़ा तुम्हें मिल गया होगा। उसी के साथ कुछ मित्रों की कटिंग भी भेजी हैं। इन चित्रों में से कुछ तो बिलकुल रेयर हैं। उन्हें तुमने इससे पहले देखा तक नहीं होगा। तुम्हें आश्चर्य हो सकता है कि राष्ट्रीय आन्दोलन के इतिहास के लिए मैंने न गांधी जी का चित्र भेजा, न नेहरू का, न सरोजनी नायडू का, न ही सुभाषचन्द्र बोस का। कारण यह है कि इनके चित्र तुमने अनेक बार अनेक जगहों पर देखे होंगे। चित्रों के संग्रह में मैंने उन्हीं को स्थान दिया जिनके बारे में लोग बहुत कम जानते हैं। अपने अद्वितीय बलिदान के बावजूद ये लोग जन-साधारण के लिए अनजान रहे। अब तक रहे तो रहे, मगर अब तुम लोगों के लिए ये अनजान न रहें। शोहरत तो कुछ ही लोगों को मिली। ज्यादातर लोग गुमशुदा से हो गए। मैं आशा करता हूँ कि तुम्हारी पीढ़ी में से कोई तो ऐसा निकलेगा जो इन सितारों को फिर से विस्मृति के अँधेरे से बाहर खींच लाएगा। आशा करूँ न ?

तो मेरा काम खत्म हो गया है। कल तक मैं ऐसा ही सोचता था। आज ऐसा लग रहा है कि आन्दोलन की कथा के साथ ही तुम्हें अपने दादा जी की कहानी भी तो मालूम होनी चाहिए। है ना !!

तो सुनो, मैं तुम्हारा दादा जी नहीं हूँ। मैं तुम लोगों का कुछ भी नहीं लगता। अरे मेरा तो विवाह ही नहीं हुआ। फिर लड़के-पोतों का प्रश्न ही कहाँ से उठेगा। यह पढ़कर शायद तुम लोग ठगे-से बैठे होगे। या सोचते होंगे कि दादा जी की यह भी कोई मसखरी तो नहीं। नहीं यह मसखरी नहीं है। यह सत्य है। तुमसे मेरा कोई रक्त सम्बन्ध नहीं है। फिर भी तुम लोग मेरे अपनों से भी ज्यादा अपने हो। मैंने तुम लोगों से वायदा किया था कि मैं सारी बातें बिना लागलपेट के, बिना पक्षपात किए, सच-सच लिखूँगा—तो फिर अपने

बारे में भी क्यों न लिखूँ ? किन-किर रंगों से मेरा यह परिवार सँवरा, भला क्यों छिपाऊँ ?

मैंने अपने पिछले किसी पत्र में लिखा है कि हम बिहार से उखड़कर कलकत्ता जा बसे थे। किसी समय यहाँ भीषण प्लेग फैला तब मेरी दादी गर्भवती थीं। उन्हें लेकर दादा कई दिनों खुले आसमान के नीचे पड़े रहे। जब प्लेग का प्रकोप खत्म हुआ तब अपने घर लौटे। वहाँ देखा कि सिपाहियों ने पूरा गाँव जलाकर राख कर दिया है। घर टूटे पड़े हैं। गाँव में दो-चार लोग लौट आए थे मगर किसी की हालत ऐसी नहीं थी कि वह किसी और की मदद करता। हाँ, गाँव के एक भिश्ती ने अपने झोपड़े के अन्दर दादी को लेटने दिया। ऐसी ही दारुण दशा में मेरे पिता का जन्म हुआ। दादा ने सोचा चलो अपनी झोपड़ियों की जगह को साफ कर लूँ। साफ करते-करते वे उस जगह पहुँचे जहाँ चूल्हा बना था। खोदा तो उसके अन्दर एक छोटी-सी गोल बटुली निकली जिसके अन्दर उनकी माँ के चाँदी के कुछ गहने थे। दादा ने उसे बाजार में बेच दिया। कुछ लोग कमाने-खाने के लिए कलकत्ता जा रहे थे। दादा जी बीवी-बच्चे को ले, उनके साथ हो लिए। कलकत्ते में उत्तर प्रदेश, बिहार के बहुत लोग रहते थे। पर ठौर-ठिकाना मिलना मुश्किल था। कई दिनों मारे-मारे फिरने के बाद एक जुलाहे परिवार ने अपनी झोपड़ी की बगल में दूसरी झोपड़ी की इजाजत दे दी। इस परिवार से हमारा सदा गहरा सम्बन्ध रहा। आज भी है।

दादा ने एक भैंस खरीद ली और दूध का व्यापार शुरू कर दिया। मेरे पिता का पालन-पोषण कलकत्ते में होने लगा। पाँचवीं पास करने के बाद ही दादा जी ने उन्हें भी दूध के धन्धे में लगा दिया। दूध के धन्धे के साथ ही पढ़ने-लिखने में भी उनकी रुचि बनी रही। कलकत्ता सदा से ही राष्ट्रीय भावना का प्रमुख केन्द्र रहा। वहाँ काफी पहले से ही छोटी-छोटी पत्र-पत्रिकाएँ निकलने लगी थीं। मेरे पिता उन्हें पढ़ते और लोगों को पढ़कर सुनाते। शाम ढलने पर मैंने बचपन से ही अपने द्वार पर दस-पाँच लोगों की भीड़ सदा देखी।

फिर आया बंगभंग का समय। सारा बंगाल उत्तेजना से फट पड़ा। भला मेरे पिता इससे अछूते कैसे रहते ? मेरा घर तो अघोषित वाचनालय ही बन गया। 16 अक्टूबर, 1905 का दिन मुझे याद है, तब पाँच-छह वर्ष का रहा

होऊँगा। बंगभंग के विरोध में लोगों ने सामूहिक स्नान किया। उस पवित्र स्नान के लिए मैं अपने पिता के कन्धे पर बैठकर नदी तट गया था। राष्ट्रीय आन्देलन में मेरी यह पहली शिरकत थी। उस दिन तो मैं कुछ समझा नहीं, हाँ सागर की तरह उमड़ती जनता को देख कुछ डर-सा गया। इतने सारे लोगों को एक साथ मैंने इससे पहले देखा ही नहीं था। मुझे आज भी याद है लोग एक-दूसरे को राखियाँ बाँध रहे थे, गले मिल रहे थे। एक बूढ़े व्यक्ति ने मेरी कलाई पर भी पीला धागा बाँध दिया। कहा—हम तो जल्दी चले जाएँगे, तुम्हें ही लड़ना पड़ेगा। फिर न जाने क्या-क्या बड़बड़ाता रहा।

कलकत्ते में ही मेरी पढ़ाई-लिखाई शुरू हो गई। पिताजी एक तरह से दूध का धन्धा छोड़ चुके थे। समाचार-पत्रों के लिए कागज़ मुहैया कराने का काम तथा समाचार-पत्रों को भारत के अन्य हिस्सों में भेजने का काम करने लगे थे। हर शाम घर में लोग जुड़ जाते। लोग अखबार पढ़ते, बहस करते। मैं कुछ सुनता कुछ न सुनता और सो जाता। यूँ ही सामान्य गति से जीवन चल रहा था। हम ही क्यों, उस समय ऐसा कौन-सा व्यक्ति था जो राष्ट्रीय धारा से जुड़ा न हो। हम भी थे।

पिताजी के एक मित्र पंजाब जा बसे थे। वे अच्छे प्रूफरीडर थे। दोनों का यह विचार था कि वे यहीं कलकत्ते में एक छोटा-सा छापाखाना खोलें। पिताजी ने उन्हें सपरिवार लिवा लाने के लिए अमृतसर भेजा। मैं वहाँ 7 अप्रैल 1919 को पहुँचा। रास्ते में पहली बार गांधी जी के दर्शन किए। उनसे कुछ विशेष प्रभावित नहीं हुआ। उन्हें पंजाब में घुसने से रोक दिया गया था। 11 अप्रैल को जलियाँवाला बाग की घटना घट गई। रहमत चाचा की पत्नी मेला देखने गईं और वहीं शहीद हो गईं। उनकी बच्ची जो ढाई-तीन साल की थी, कई दिनों बाद एक हिन्दू परिवार में बुखार से तपती बेहाश-सी मिली। इसी समय अंग्रेजों की क्रूरता मैंने देखी। अरे देखी ही नहीं खुद भोगी भी। जब सड़कों पर, हम बानो को खोजते हुए पागलों से फिर रहे थे, बेंतों से पीटे गए। सड़क पर घुटनों के बल चलने पर मजबूर हुए। मैं जवान था, हट्टा-कट्टा था इसलिए अंग्रेजों का क्रोध मुझ पर ज्यादा उतरा। मुझे सार्वजनिक टिकटी पर बाँधकर कोड़े लगाए गए। घी-दूध खाया-पीया शरीर था इसलिए मरने से बच गया। अपमान की उस पीड़ा से आज भी मैं कराह उठता हूँ।

रहमत चाचा बानो को लेकर कलकत्ते लौट आए। बानों भी बड़ी होने लगी। कभी-कभी जिद करती—''मुझे अमृतसर ले चलो, बाग देखूँगी जहाँ मेरी अम्मी मर गई।'' जैसे-जैसे वह बड़ी होती गई उस रात, उस बाग में घटी घटना की भीषणता उसके पूरे चरित्र पर छाती चली गई। कभी-कभी वह इतनी उत्तेजित हो जाती कि उसे सँभालना कठिन हो जाता। कहती, ''मैं भी कम-से-कम एक अंग्रेज मारूँगी, अपनी अम्मी का बदला लूँगी।''

मैं जवान हो चुका था, मेरे पिताजी ने मेरे विवाह की तैयारी शुरू कर दी। मैंने एक-दो बार तो बात ही टाल दी। फिर मैंने विवाह से साफ इंकार कर दिया। पिताजी ने बहुत समझाया। एक दिन कहा, आखिर मेरा वंश कैसे चलेगा ? न जाने क्या हुआ कि मैं भी दुःख, क्रोध से पागल हो उठा। कुर्ता निकालकर फेंक दिया। चिल्ला-चिल्लाकर कहने लगा, ''क्या जरूरत है कि गुलामों का वंश चलता ही रहे। देखिए, मेरे शरीर पर बेंतों के ये निशान देखिए। छिल गए इन घुटनों को देखिए। अमृतसर में जो मार और अपमान मैंने सहा है उसने मुझे...उसने मुझे...ना अब कुछ नहीं हो सकता। ना अब कुछ नहीं हो सकता। मैंने वहाँ गर्भवती माँ-बहनों को सड़क पर घुटनों के बल चलने पर मजबूर होते देखा है। यह सब देखकर विवाह करने को किसका दिल चाहेगा ?''

मैं फूट-फूटकर रोने लगा। मैं बड़ा भावुक था। अभी दसवीं में ही तो पढ़ता था। मेरे पिताजी ने मुझे पकड़कर अपने पास बैठा लिया। अपनी बाँहों में लपेट लिया। मेरे सिर को अपनी छाती से चिपका लिया। हम दोनों, दो पीढ़ियाँ एक-दूसरे से चिपकी रोती रहीं। फिर कभी उन्होंने मुझसे विवाह की बात नहीं कही। मैं अपनी पढ़ाई और छोटे-से छापेखाने के काम-काज में डूब गया। देखा तुम लोगों ने, तुम्हारे दादा जी इस प्रकार जन्म भर कुँआरे रह गए।

मेरे पिताजी पक्के गांधीवादी बन गए। मेरा झुकाव क्रान्तिकारी वर्ग के साथ था। यह उम्र का तकाजा था। मगर मेरे पिताजी ने बड़ी कुशलता से मुझे उनसे दूर खींचे रखा। हम एक छोटा-सा अखबार ''स्वदेश' निकालने लगे। भाषा में बिहारी व भोजपुरी का पुट होने से यह अखबार कलकत्ते और बिहार में खूब चलता था।

बानो बड़ी हो गई थी। हमारे घर की बगल में ही रहती थी। अन्य महिलाओं के साथ वह भी विदेशी कपड़ों की दुकानों और शराब की दुकानों

के सामने धरना देने जाती थी। कभी-कभी अचानक उस पर पागलपन का दौरा-सा पड़ जाता। माँ को याद करती, हमसे कहती, "कोई औजार ला दो, मैं अंग्रेजों को मारूँगी।" तब उसे घर में बन्द रखना पड़ता। मुझसे कहती, "चलो न चचा एक बार अमृतसर चलें।" लोगों ने कहा इसका एक ही इलाज है। इसकी शादी कर दो। बानो की शादी हो गई। बानो जब विदा हो रही थी, मैंने पूछा, "हम लोगों को छोड़कर जा रही हो न ?"

बानो ने चट जवाब दिया, "कोई मुझे अमृतसर नहीं ले गया न, अब मैं उनके साथ अमृतसर जरूर जाऊँगी। मैंने इसीलिए शादी की।" हम बानो की तरफ से निश्चिन्त हो गए।

कलकत्ता छोड़ हम दिल्ली आ बसे। अपना छापाखाना यहीं लगा लिया। दिल्ली आकर मैं पूरी तरह गांधी जी का अदना सिपाही बन गया। इन्हीं दिनों मेरी मुलाकात गांधी भक्त चाँदीवाले से हो गई। उन्हीं के साथ मैंने गांधी जी के आश्रमों को देखा, बॉ से मिला। दांडी यात्रा में जलूस के साथ गया। नमक कानून भंग करने के इस अजूबे तरीके की दाद सारे संसार ने दी थी। अंग्रेजों की क्रूरता और गांधीवादी कार्यकर्ताओं की सहनशक्ति का दर्शन मैंने किया है। मैंने डॉक्टर का मोर्चा सँभाला था। डडों से पिटे, खून बहाते लोगों की मरहम-पट्टी करना मेरा काम था। इस हिंसा के शिकार छोटे-बड़े सभी थे। एक गुट लाठी खाकर गिर पड़ता तो दूसरा आगे बढ़ जाता। मैं अपने को सौभाग्यशाली समझता हूँ कि ऐसे देशप्रेमियों की थोड़ी-सी सेवा करने का मौका मुझे मिला।

पिताजी नहीं रहे। मेरा मन अब छापेखाने के काम में लग नहीं रहा था। बानो की खबर मिलती। दोनों पति-पत्नी राष्ट्रीय आन्दोलन के काम में लगे थे। यह 1931 का समय था। अंग्रेज हरिजनों को अलग चुनाव क्षेत्र देना चाहते थे। गांधी जी ने अनशन कर दिया। यह अनशन डॉ. अम्बेडकर के कारण जल्दी ही टूट गया। उन्होंने पुनः 21 दिन का व्रत ले लिया। उन्होंने कहा—मेरा यह व्रत स्वयं ही आत्मशुद्धि और लोगों में हरिजनों के प्रति कर्त्तव्यबोध कराने के लिए है। उन्हीं दिनों मैं चाँदीवाला के साथ उनके दर्शन करने गया। चाँदीवाला ने मेरी समस्या उनके सामने रखी और पूछा कि क्या इन्हें आपके आश्रम में भेज दिया जाए ?

गांधी जी ने कहा, "नहीं, नया आश्रम खोलो। कुछ करना ही चाहते हो

तो गाँव लौट जाओ, हरिजनों के लिए काम करो।''

मैंने कहा, ''मेरे पास पैसे नहीं हैं।'' गांधी जी ने कहा, ''पैसे हरिजन ही देंगे।''

बात मेरी समझ में नहीं आई, फिर भी आदेश-निर्देश मिल ही चुका था। दिल्ली का छापाखाना अपने मित्र के छोटे भाई वेद प्रकाश को सौंप गाँव की तरफ चल पड़ा।

मैं बिहार के एक गाँव चम्पारन पहुँचा। यह भारत में गांधी जी की प्रथम कर्म-स्थली थी। गर्मियों के दिन थे। मैं मुखिया के यहाँ पहुँचा तो देखा उनकी ड्योढ़ी पर कुछ हरिजन खड़े हैं। दीन-हीन व लस्त-पस्त। पोखरी का पानी सड़ गया था। बीमारी फैल रही थी। हरिजनों के मुखिया ने कहा, ''मालिक आपके तालाब से पीने का पानी मिल जाए तो हमारे बाल-बच्चे बच जाएँगे, माई बाप। कोई बाल्टी दो बाल्टी भरकर हमारे बर्तन में डाल दे।''

मुखिया ने उन्हें डाँटकर भगा दिया। ओह ! यह तो अंग्रेजों की क्रूरता से भी ज्यादा थी। मैंने मुखिया को समझाया—अगर ये सबके सब मर गए तो आपके यहाँ काम कौन करेगा ? मैंने हरिजनों को पीने के पानी की व्यवस्था की। गाँव के जवान खुशी से पानी भरने और देने को तैयार हो गए। मुखिया जी भी खुश हो गए। मैं यहाँ बच्चों के लिए एक स्कूल खोलना चाहता हूँ, यह सुनकर भी वे खुश हुए। मगर जैसे ही उन्हें मालूम हुआ यह स्कूल हरिजनों के लिए होगा, उनका रुख ही बदल गया। दूसरे दिन मुझे कोई रसद-पानी के लिए भी पूछने नहीं आया। दोपहर तक मैं बैठा रहा। फिर भूखा-प्यासा गाँव के मन्दिर में जा पहुँचा। आरती देखी, प्रसाद पाया और भगवान को स्मरण कर कहा, ''मेरी परीक्षा ले रहे हो तो लो। मैंने गांधी जी को वचन दिया है, देखो वह टूटने न पाए।'' दो दिन तक उसी मन्दिर में पड़ा रहा। तीसरे दिन जब मैं शाम को घूमने निकला, एक बूढ़ा व्यक्ति मुझे प्रणाम कर दूर खड़ा हो गया। पूछा, ''क्या है भाई ?''

उसने कहा, यहाँ से थोड़ी दूर हरिजनों की एक बस्ती है। वह वहीं रहता है। वह यह सुनकर आया है कि मैं उनके लिए स्कूल खोलना चाहता हूँ। न जाने क्यों मुझे ऐसा लगा गांधी जी मेरे सामने खड़े हैं। मैंने कहा, ''चलो। तुम्हारे घर चलता हूँ।''

''नहीं मालिक, हम हरिजन हैं।''

"तो क्या हुआ," मैंने उसका हाथ पकड़ लिया। वह काँप रहा था।

मैं उसके घर जा बैठा। यह पन्ना मेहतर का घर था। फिर तो उसका घर मेरा स्थायी निवास हो गया। गाँव के सवर्णों से बहुत सारी धमकियाँ मिलीं। अपने को करना ही क्या था ! बहुत होता मार डालते। इससे ज्यादा और करते ही क्या ! आज जो कुछ लिए बैठा हूँ यह सब उसी साधु पन्ना की देन है। गांधी जी ने ठीक कहा था मेरे खर्च के लिए हरिजन स्वयं व्यवस्था कर देंगे। जमींदार परिवार के किसी घृणित रोग में गलते, बूढ़े की सेवा करने के बदले में पन्ना को जमीन का एक छोटा-सा टुकड़ा इनाम में मिला था। पन्ना ने वह टुकड़ा मुझे दे दिया। देखते ही देखते हरिजन स्त्रियों ने दो झोपड़ियाँ खड़ी कर दीं। मेरा मदरसा चल पड़ा। पन्ना मेरे स्कूल का संरक्षक, चपरासी और प्रबन्धकर्ता बन गया। बूढ़ा, बच्चों के साथ खेलता और डाँटता भी। पन्ना के दो पुत्र थे, उन्होंने स्कूल की बागवानी सँभाल ली। गरीब हरिजन बच्चों की पढ़ाई का खर्च जुटाना ही था। मैंने वहाँ छोटा-सा उत्पादन केन्द्र भी खोल दिया। झाड़ू, खाँचा, झाबा, चिक बनने लगा। बाद में करघा भी बैठवा दिया। बच्चों ने चरखे पर सूत कातकर अपनी किताब, स्लेट के लिए आय हासिल कर ली। बेसिक शिक्षा पद्धति पर चलता यह स्कूल कभी आर्थिक तंगी में नहीं पड़ा। एक साल बाद मैंने इसका नामकरण किया 'स्नेह-छाया'। पन्ना स्कूल में ही रहता और स्कूल के वरांडे में ही मरा। स्कूल के हाल में जो बड़ी फोटो तुम देखते हो वह इसी पुण्य आत्मा की है। उसके तीनों बच्चे अच्छे बुनकर निकले। मेरा करघा सेंटर उन्हीं के भरोसे चल सका। आज वे दोनों उत्तर प्रदेश के मऊ जिले में हैंडलूम कपड़ों का व्यापार करते हैं।

1942 में घूमती-फिरती एक चिट्‌ठी मुझे मिली। यह दिल्ली से एक महिला ने लिखी थी। वेदप्रकाश को मैं अपना छापाखाना दे आया था, उसे अंग्रेजों ने जला दिया था। पति-पत्नी दोनों ही जल मरे। बस चार वर्ष का बेटा बच रहा है। महिला ने लिखा था कि वह इस बच्चे की परवरिश नहीं कर सकती। वह खुद बेसहारा है। मैं जल्दी कोई व्यवस्था करूँ। मैं दिल्ली गया। चारों तरफ आग लगी थी। महिला बच्चे को अपने से अलग करना नहीं चाहती थी। बड़ी कठिनाई से एक स्कूल में उनकी व्यवस्था कर दी। बच्चा उन्हीं के पास रहा। पढ़ता-लिखता रहा। मेरे पास भी आता। वह मेरा बेटा था, मेरा मानस पुत्र था। मैंने नाम रखा संकल्प प्रकाश। ये ही आज तुम्हारे पिता हैं।

भारत आजाद हो गया। विभाजन की दारुण व्यवस्था से सारा देश काँप उठा। सन् 1948 की एक रात। बड़ी अँधेरी, बरसात भींगी, तेज हवा से परेशान। मुझे नींद नहीं आ रही है, तभी लगा बाहर दरवाजे पर कोई रो रहा है, हाँफ़ रहा है, कुछ बोल रहा है। पहले तो मैंने ध्यान नहीं दिया। हवा की सनसनाहट में कुछ सुनाई नहीं पड़ रहा था। फिर दिल नहीं माना। बाहर जाकर कुंडी खोली, दरवाजे पर कोई गिरा पड़ा था।

अरे ! यह तो बानो है !! उसे उठाया। कमरे के अन्दर ले गया। गोद में ढाई-तीन वर्ष की बच्ची भी थी। चारपाई पर लिटा दिया। पानी से भीगी थर-थर काँपती बानो को कम्बलों से ढँक दिया। बानो ने एक-दो बार आँखें खोलने की कोशिश की, फिर सो गई। नहीं, अर्ध बेहोशी की हालत में गुम हो गई। तेज बुखार से उसका शरीर तवे-सा जल रहा था।

भोर होने में देर नहीं थी। मैं कुर्सी पर बैठा बानो की बदकिस्मती के बारे में सोचता रहा। सन् बयालिस से छियालिस तक पूरा बंगाल राष्ट्रीय आन्दोलन और साथ ही साम्प्रदायिक दंगों से टूटता-बिखरता रहा था। मुझे खबर मिली थी कि ऐसे ही एक साम्प्रदायिक दंगे में बानो का पति किसी हिन्दू मुहल्ले की रक्षा करता हुआ अपने ही भाइयों के हाथों मारा गया। मगर बानो यहाँ क्यों और कैसे ? बानो तो अच्छी भली वहाँ स्कूल में नौकरी कर रही थी ?

बानो ने दोपहर बाद आँखें खोलीं। उसकी लड़की पहले ही जाग पड़ी थी। मेरे 'स्नेह छाया' की एक महिला सेविका ने उसे सँभाल लिया था।

बानो ने जो कुछ बताया उसे सुन मैं असंख्य शूलों से बिंध गया। आजादी के बाद जनसंख्या की अदला-बदली ने दोनों (हिन्दू-मुसलमान) ही जातियों को कितना सताया है कोई अन्दाज नहीं लगा सकता। बानो का पति मर चुका था। किसी मुस्लिम सम्प्रदाय के पक्षपाती ने बानो का नाम भी पाकिस्तान जानेवाली महिलाओं में लिख दिया। पुलिस पूछताछ करने आई। बानो ने बार-बार मना किया कि मुझे पाकिस्तान नहीं जाना, नहीं जाना !! मगर कौन सुने, उसे जबरन एक कैम्प में भर दिया गया। जिस दिन उन्हें रवाना किया जाना था उससे पहली रात बानो बच्ची के साथ भाग खड़ी हुई है। मेरा पता तो उसके पास था मगर छिपती-भटकती वह मेरे पास सात दिन बाद पहुँची थी। मुझे देख बराबर रोती रही। बोलती, "चच्चा मुझे पाकिस्तान नहीं जाना। यहीं तो मेरे अब्बा मेरे शौहर की कब्रें हैं। तुम हो। भला किस दुख से

पाकिस्तान जाऊँ।''

ज़रा-सा खटका होने पर डर जाती। ''सिपाही तो नहीं आ गए ?''

कभी बहुत खुश होकर कहती, ''चच्चा, अब मेरी लड़की नहीं मरेगी।''

कभी कहती—चच्चा इसका हिन्दू नाम रख दो। मैं इसे मंजिल बानो पुकारती हूँ। यह सुनकर सिपाही इसे पाकिस्तान ले जाएँगे। मेरे समझाने का उस पर कुछ क्षण ही असर रहता। मैंने बच्ची का नाम रखा मृदुला। बानो फिर चारपाई से नहीं उठी। महीने भर बाद ही हिन्दुस्तान-पाकिस्तान के झगड़ों से मुक्त हो गई। हाँ, मुझे जरूर सांसारिक बन्धनों में जकड़ गई। मृदुला का पालन-पोषण मेरे दूर के रिश्ते में बहू लगने वाली एक महिला ने किया। मैं उसे प्यार से पुकारता था छोटी।

मृदुला जब बड़ी हुई, मैंने उसका विवाह अपने पुत्र संकल्प प्रकाश से कर दिया। ये दोनों ही आज तुम्हारे माता-पिता हैं। पता नहीं इन सबके बारे में उन्होंने तुम्हें कुछ बताया है या नहीं ? यदि तुम लोगों को कुछ पता नहीं है तो शायद तुम लोगों को धक्का-सा लगेगा। आशा करता हूँ इसके लिए तुम्हें दुःख या शर्मिन्दगी नहीं होगी।

मेरा भी समय खत्म हो चला है। पच्चासी साल का तुम्हारा यह बूढ़ा दादा न जाने कब पके आम-सा टपक पड़े, इसलिए अच्छा अवसर देखकर मैंने तुम लोगों के सामने सारी सच्चाई उगल दी। आजकल मैं अपने 'स्नेह-छाया', जो आज अपने ही में पूर्ण एक पारिवारिक इकाई-सा है, की ट्रस्ट द्वारा ठीक व्यवस्था करने में लगा हूँ।

लोग सोचते हैं मैं बड़ा भारी समाज सेवक हूँ, नहीं, यह गलत है। मैं तो धूल का एक छोटा कण हूँ। हाँ, भाग्यवश मैं गांधी-प्रकाश की परिधि में आ पड़ा और औकात भर चमक उठा। सूर्य प्रकाश की किरणों में उड़ते सितारों से चमकते छोटे धूल कणों को तुम लोगों ने देखा ही होगा। राष्ट्रीय आन्दोलन की चेतना ने मेरे ही जैसे तमाम साधारण, अति साधारण, नगण्य लोगों को भी चमक जाने का मौका दिया। मैं, पन्ना मेहतर, वेद प्रकाश, सुखी भिखारी सब ऐसे ही थे। जिसकी जितनी औकात थी वह उतनी दूर तक चला और चमका।

अब ये सारे प्रसंग समाप्त हुए, मेरे लिए। तुम्हारे लिए तो यह प्रसंगों की शुरुआत है।

महत्त्वपूर्ण तिथियाँ

1608 — अंग्रेजों का भारत में आगमन।
1661 — ईस्ट इंडिया कम्पनी की स्थापना।
1857 — प्रथम क्रान्ति।
1859 — बंगाल में नील विद्रोह।
1873 — पाबना का किसान विद्रोह।
1875 — महाराष्ट्र में उपद्रव।
1879 — वासुदेव बलवन्त फड़के का विद्रोह।
1885 — कांग्रेस का जन्म।
1898 — चाफेकर बन्धुओं को फाँसी।
1905 — बंगाल विभाजन।
1907 — तिलक को छह वर्ष की कैद।
1908 — खुदीराम बोस को फाँसी।
1919 — गांधी जी का आगमन।
1919 — जलियाँवाला बाग का हत्याकांड।
1920 — तिलक की मृत्यु।
1920 — असहयोग आन्दोलन।
1928 — साइमन कमीशन।
1930 — नमक कानून भंग।
1930 — चटगाँव के शस्त्रागार पर धावा।
1931 — भगतसिंह, सुखदेव, राजगुरु को फाँसी।
1940 — पाकिस्तान का नारा।
1941 — सुभाषचन्द्र बोस फरार।

1942 – भारत छोड़ो आन्दोलन।

1944 – भारत भूमि इम्फाल पर आजाद हिन्द फौज का अधिकार।

1945 – ब्रिटेन में श्रमिक सरकार की स्थापना।

1946 – नौसैनिक विद्रोह।

1947 – विभाजन व आजादी।

●●●